地図で読む「国際関係」入門

眞淳平 Shin Junpei

JN262840

★――ちくまプリマー新書

239

目次 * Contents

はじめに

近年、国際情勢・国際関係が大きな転換期を迎えています。

日本の周辺には、驚異的な発展を続け、アメリカと並ぶ超大国の地位に近づこうとしている中国。IT産業への注力や自由貿易圏の拡大など、独自の成長戦略を進めつつ、米中の狭間で揺れる韓国。先行きの見えない不安定要素としての北朝鮮。エネルギー資源戦略によって復活を遂げたロシア。成長軌道に乗り、さらなる発展を目指して進む東南アジア諸国連合（ASEAN）各国。唯一の超大国でありながら、巨額の累積債務に苦しみ、出口の見えづらい中東関連やロシア・ウクライナ関連の諸問題に翻弄され、中国を始めとする新興国の台頭に対処する必要にも迫られているアメリカ、などが存在しています。

こうした国々の間で、日本もまた、これまでの安全保障政策を大きく変えて行こうとしています。

視線をさらに先に延ばすと、貧困と成長が交錯する発展途上国。近年、国際関係の中で影響を強めつつある国際機関や非政府組織（NGO）。中東・アラブ地域などで大きな混乱を引き起こし、先進諸国も含めた各国内でのテロにも関与しているイスラム過激派武装組織。従来型とは異なる二一世紀型の戦争形態の登場。国際情勢にも影響を与えつつある気候変動の問題、などといった多くの要素が見えてきます。

本書は、現在の国際関係を構成するそうしたさまざまな事柄について、基礎情報を提供することを目的に書かれています。そこでは、関連地図も多数紹介していきます。国際情勢・国際関係においては、地図を見ることがその理解を促すことが多いからです。

本書をお読みいただくことで、ともすれば難しく遠い話だと思われがちな国際関係が、魅力に満ちた重要な分野であることを、読者の皆さんが感じてくだされば と願っています。さらに将来的に、皆さんの中から、国際関係の難題に取り組み、よりよき未来を創り出すための仕事に携わるような人々が出てくれば望外の幸せです。

本書の執筆・刊行に当たっては、筑摩《ちくま》書房・ちくまプリマー新書の吉澤麻衣子編集長に大変お世話になりました。本当に有り難うございました。

二〇一五年七月

眞淳平《しんじゆんぺい》

第1章　日本——不安定な国際関係に対処を迫られる

◆集団的自衛権の行使が閣議決定された

二〇一四年七月。日本の安全保障環境を大きく変える決定が、政府によってなされました。「集団的自衛権の行使」を容認することが、閣議で決まったのです。

さらに、二〇一五年の国会審議が進む中で、①日本が武力攻撃されるか、密接な関係にある他国が攻撃され、それによって日本の存立が脅かされ、国民の生命、自由、幸福追求の権利が根底から覆される明白な危険がある、②国民を守るために他に適当な手段がない、③必要最小限度の実力行使にとどまる、という「武力行使の新三要件」を満たせば、集団的自衛権を行使できる、という政府の解釈も明らかになってきました。

ここで重要なのは、近い将来、日本そのものへの攻撃ではなくても、「日本と密接な関係にある他国」への武力攻撃が起きた場合、一定の条件に合致すれば、攻撃した相手に対して、日本も武力での反撃に参加できるようになる可能性が出てきたことです。

こうした議論の流れの中で、二〇一五年三〜四月には、日本の新たな安全保障体制をつくる合意が、自民、公明両党の協議によってなされました。そして同年七月上旬現在、関連法案の国会審議が進められています（図1-1）。現在の与党の強固な体制を考えると、法案のかなりの部分が法制化される可能性も否定できません。

そこでは、危機の度合いが低い順に、①グレーゾーン事態、②重要影響事態、③存立危機事態、④有事という、各段階に応じた自衛隊の対処が取り決められようとしています。

中でも、新たな法制度の創設と関連して注目されているのは、重要影響事態と存立危機事態の二つです。

重要影響事態では、他国軍に対する医療や物資、弾薬の供給、発進準備をしている他国軍機への給油などが認められる可能性があります。そして存立危機事態においては、海峡などに敷設された機雷の掃海、敵国の基地に対する攻撃、船舶検査（臨検）といった活動が、米軍などとの協力の下に実施されることになるかもしれないのです。

重要影響事態や存立危機事態で想定される自衛隊の活動範囲は、日本周辺にとどまりません。たとえば、中東・ペルシャ湾の出口に当たるホルムズ海峡に機雷が敷設され、タンカーを始めとする商船などが航行できなくなった場合、日本の存立危機事態だと認定されて、自衛隊の掃海艇が現地に急行し、機雷の除去作業を行うようになる可能性があります。

事態 国会で議論がなされている対処法	主な想定	自衛隊の対応
有事＝武力攻撃事態 日本への武力攻撃か、明白な危険が切迫している事態 ⇒すでにある「武力攻撃事態法」などを適用	海や空からの部隊などによる侵攻、ミサイル攻撃	防衛出動 （個別的自衛権）
存立危機事態 密接な関係国が武力攻撃され、日本の存立が脅かされる事態 ⇒改正「武力攻撃事態法」	アメリカを狙《ねら》ったミサイルの発射、海上交通路への機雷敷設	防衛出動 （集団的自衛権）
重要影響事態 日本の平和と安全に重要な影響を与える事態 ⇒「重要影響事態法」（「周辺事態法」を改正）	朝鮮半島有事など（日本周辺に限らない）	他国軍への医療や物資などの提供、燃料補給
グレーゾーン事態 警察機関だけで対応できない恐れのある事態	武装集団による離島占拠、外国艦船の領海侵入	海上警備行動など（警察権）

（危機の度合い：高 ↑ 低）

図1-1　さまざまな危機的事態における自衛隊の対処　2015年3〜4月の与野党協議で合意された内容。国会審議の中で変わることもあり得るが、現在の強固な与党体制を見る限り、これらの多くが法案化される可能性もある　（参考）日本経済新聞2015年3月7日付朝刊

　また自公両党の協議の段階では、戦争をしている他国軍に対して、自衛隊の後方支援を可能にする「国際平和支援法」の制定。国連の平和維持活動（PKO）以外に、欧州連合（EU）などが要請する人道復興支援活動等への参加も可能になる「PKO協力法」の改正、などが合意されています。

　さらにこうした動きと対応して、二〇一五年四月には、アメリカ政府との間で、「日米防衛協力のための指針（ガイドライン）」の改定に合意がなされました。内容は、自衛隊と米軍との結びつきを一層強め、自衛

隊の活動範囲を広げていくことが核となっています。

これに対しては、国会での関連法案の審議も進んでいないのに、安全保障の指針ともなる重要な取り決めをアメリカと結ぶとは、国会軽視だとする批判も野党側から起きました。

総じて言えば、日本は、アメリカの主導する世界秩序の構築・維持に対して、協力をより一層強める姿勢に、大きく舵《かじ》を切りつつあります。政府はこれまで、日本は、集団的自衛権を有しているものの、その行使は憲法上許されない、としてきました。この憲法解釈の下で、自衛隊の海外での活動には、大きく制約が設けられていました。そうした状況が、一気に変わりつつあるのです。

◆不安定な東アジアの国際関係

政府の姿勢に対しては、戦争放棄を謳《うた》った憲法第九条に違反する不当な「解釈改憲」だとして、批判する意見もあります。そうした批判もある中で、政府が近年、安全保障政策を大きく変えようとしている背景には、改憲を指向してきた自民党結党以来の立場とともに、東アジアにおける不安定な国際情勢があります。

驚異的な経済成長を背景に、軍事力や国際的影響力の拡大を目指す中国。深まる経済関係の中で、中国本土に呑《の》み込まれないよう、民主主義体制を維持しようと苦悶《くもん》する台湾。軍事優先の政治体制を作り上げ、核兵器を保有していると見られる北朝鮮。アメリカとの同盟関係と、中国との経済的・文化的結びつきの高まりとの間で揺れる韓国。北方を見れば、プーチン政権の下で、大国として蘇《よみがえ》ったロシア。さらに、南に目を転じれば、発展が続き、経済一体化の方向に進みつつあるものの、域内に大きな格差が存在し、中国との領海紛争を抱える国も多い東南アジア諸国連合（ＡＳＥＡＮ）各国。東アジアとその周辺には、波乱要因が無数に存在しているのです。

国際関係においては、主要国間の力関係＝パワーバランスが変化するとき、紛争や戦争が起きやすくなる、といわれています。たとえば近代以降のヨーロッパの歴史を見ても、ルイ一四世の治世下にあった一八世紀後半以降のフランス、ナポレオンに率いられた一九世紀初頭のフランス、一九世紀後半から二〇世紀初頭にかけてのドイツ帝国などは、国力の急速な伸張とともに、周辺各国との間で緊張が高まり、大規模な戦争を引き起こしています。

現在、中国の急激な大国化に代表されるパワーバランスの変化が、東アジアで進行しています。それによって、東アジアの国際情勢は不安定化の度合いを強めているのです。

世界には、「不安定の弧」と呼ばれる紛争多発地帯があります。これは、パワーバランス

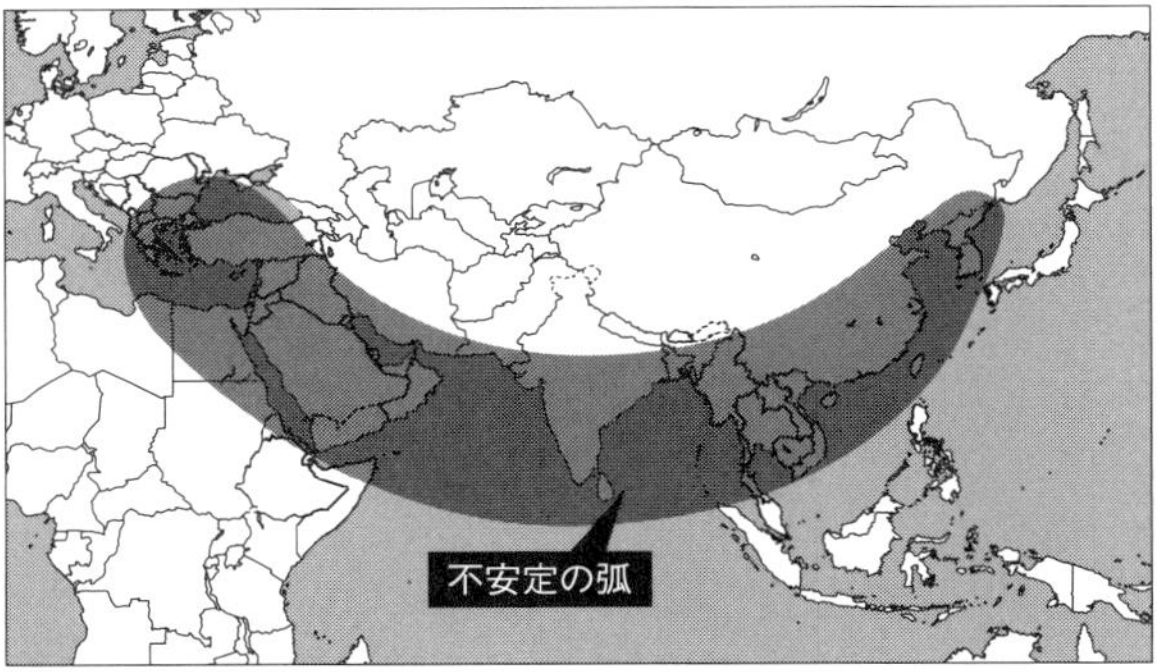

図 1-2　不安定の弧　紛争の絶えないアフリカ北東部から中東諸国、中国との領土問題を抱える ASEAN 各国、そして北朝鮮を含むこの地域には、不安定きわまりない場所が多い

の変化や、政府が強い統治能力を持たない国家の存在などによって、紛争や戦争の起きやすい地域のこと。具体的には、アフリカ北東部から中東、南アジア、東南アジアを経由し、朝鮮半島に至る帯状の地域を指しています（図1-2）。東アジアは、まさにこの不安定の弧の東端部分に位置しているのです。

こうした国際情勢を背景に、東アジア各国・地域は巨大な軍事力を保有しています（図1-3）。のみならず、東アジアと、隣接する東南アジアでは、各国・地域が、中国の急速な軍備増強などに対抗して、軍事力の一層の近代化と量的拡大を進めようとしています。

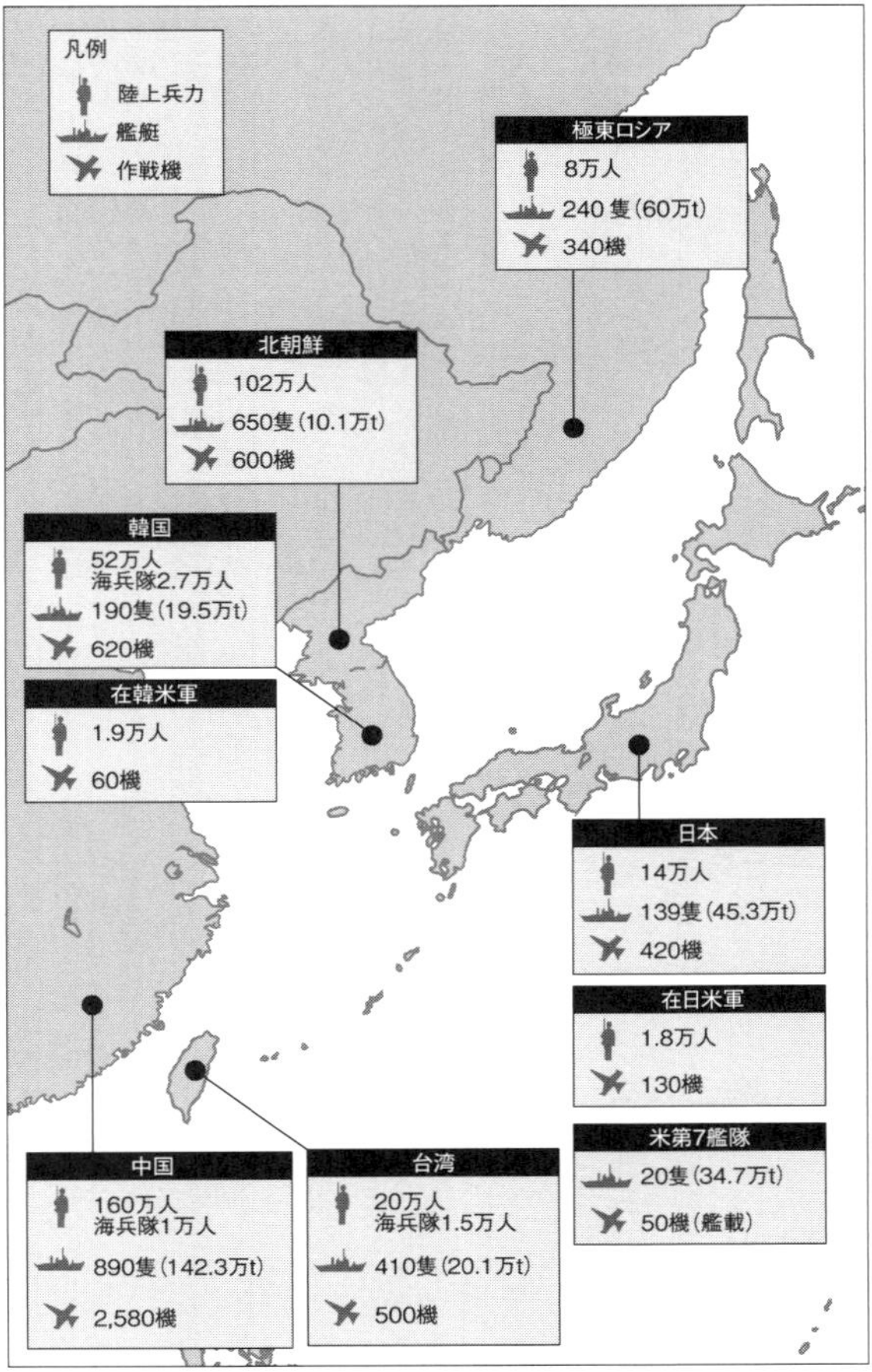

図1-3　東アジアの軍事力　巨大な規模を誇る中国軍を筆頭に、東アジアには膨大な戦力がひしめいている。そのため、東アジア各国・地域の軍事費は拡大する一方である。ちなみに日本については、各自衛隊の実勢力の合計である　(参考)『日本の防衛—防衛白書平成26年版』

◆強大化する中国

各国の状況について、もう少し見ていきましょう。

まずは中国から。この国の強みは第一に、成長が続く経済です。

アメリカの調査会社ＩＨＳが二〇一四年に発表した予測によれば、中国の国内総生産（ＧＤＰ）は、米ドルに換算した名目値ベースで、二〇二四年にアメリカを追い越すだろう、といいます。近年、中国の経済成長率は鈍化の兆しも見えるので、その時期は確定的ではありませんが、遠くない将来、中国の経済規模が世界一となる可能性はありそうです。

ちなみに中国のＧＤＰは、二〇一五年一月時点での為替《かわせ》レート換算で、すでに日本の二倍以上の規模になっています。

さらに中国は、経済成長を背景に、軍事力の強化に注力しています。そこでは、核兵器を搭載する戦略核ミサイルを始め、ステルス戦闘機「殲《せん》20」などの各種軍用機や航空母艦（空母）、数百キロ先の敵艦を攻撃できる地上発射の対艦弾道ミサイル、優れた静粛性を持ち、探知されにくい潜水艦など、最新兵器の開発や配備が急ピッチで進みつつあります。

中国に対しては近年、その圧倒的な海軍力を活用し、これまでの沿岸防衛戦略から踏み出して、西太平洋の多くを自国の影響下に置こうとしているのではないか、と懸念する声が挙がっています。西太平洋に、「第一列島線」「第二列島線」と呼ぶ戦略的なラインを引き、その内側を徐々に中国の「裏庭化」しようとしている、というのです。

そこには、東アジアの覇権を握っていた往時の勢力範囲を取り戻したいとする意図がある、とする意見もあります。さらに中国では、経済成長に伴って近年、資源・エネルギーの対外依存率が上昇し、たとえば原油では五割以上を輸入に頼っています。その輸入のための海上輸送路（シーレーン）の安定性を確保したいとの狙《ねら》いも大きい、と見られています。また、この地域の水産資源やエネルギー・鉱物資源を手に入れる目的もありそうです。

このため西太平洋では、中国と周辺諸国などとの間で、特定地域の領有権をめぐる係争がいくつも起きています（図1-4）。

尖閣《せんかく》諸島をめぐる日中の対立は、そのひとつといってよいでしょう。ちなみに日本政府は、尖閣諸島に関して、①歴史的にも国際法上も、日本固有の領土であることは明らかであり、②日本がこれを有効に支配している。③そのため、尖閣諸島をめぐって解決しなければならない領有権の問題はそもそも存在しない、という立場を取っています。

一方、中国は、米機動部隊の動きを牽制《けんせい》し、西太平洋での影響力を高めるため、対艦弾道ミサイルや潜水艦などを周辺地域に配備しています。空母を主体とする米艦隊も、弾道ミサ

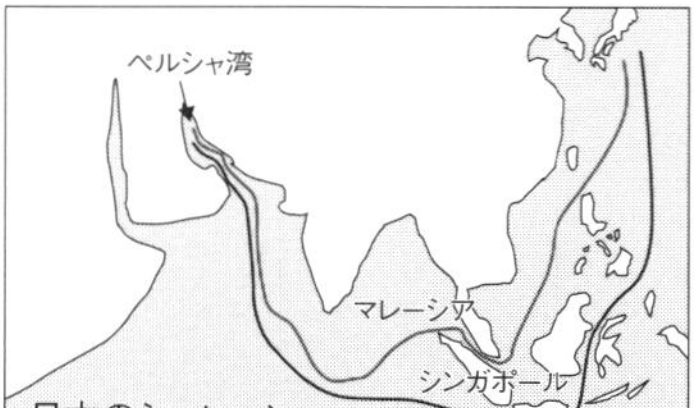

図 1-4　中国周辺の係争地域（上）と日本のシーレーン　南シナ海、東シナ海には、中国と周辺国が領有をめぐって係争する地域がいくつもある。そこを縫うようにして続く日本のシーレーンの確保は、私たちにとって死活的な問題でもある　（参考）『なるほど知図帳　世界 2015』（上）、『池上彰の大衝突——終わらない巨大国家の対決』

イルや潜水艦の攻撃を受ければ、大きな損害を被る可能性があります。そのためこの地域で、中国と周辺各国・地域との間に武力紛争が起きた際も、米機動部隊が介入することができず、中国が有利に事態を進めるかもしれない、と憂慮する声もあるのです。

中国のこの戦略は、「接近阻止・領域拒否（A2AD）」と呼ばれ、その一環と見られる自衛隊機や米軍機への中国空軍機の異常接近が、近年、何度も東シナ海、南シナ海の公海上で起きています。アメリカや関係各国・地域は、こうした中国の動きに対し、危機感とともに状況を注視しています。中国の対外戦略については、第3章でも紹介します。

◆不安材料としての北朝鮮

東アジアの不安定要因は、他にもあります。北朝鮮の動向もそのひとつです。日本と北朝鮮の関係では、拉致《らち》問題が真っ先に懸念材料として挙がるでしょう。一九七〇年前後から八〇年頃に掛けて多発した日本人の拉致事件です。日本政府によれば、一二件一七名の拉致被害があったとされ、被害者はスパイ工作などに従事させられた可能性がある、といいます。さらに、それ以外の拉致被害者がいた可能性も指摘されています。

一方、国際社会は、軍事を優先した国家建設を目指す「先軍政治」を掲げ、核兵器の開発

図1-5　朝鮮半島の軍事境界線　1953年に朝鮮戦争は休戦となり、以来、38度線近辺に軍事境界線が設けられている。両国はいまだに不安定な休戦状態にあり、軍事境界線はその象徴である　（参考）『なるほど知図帳　世界 2015』

を含む軍事力の強化に邁進《まいしん》する北朝鮮の姿勢に、大きな警戒感を持っています。たとえば核兵器に関して言えば、二〇〇六年、〇九年、一三年に核実験を行い、すでに一〇個以上の核兵器を保有している、と見る研究者もいます。そしてその数は、今後も増え続ける可能性があります。

また北朝鮮は、二〇一〇年一一月に、海上の南北軍事境界線（図1－5）近くにある韓国の延坪島《ヨンピョンド》に向けて砲撃を行い、二名の韓国軍兵士を死亡させるなど、韓国に対して依然として強い緊張状態を維持しています。

さらに二〇一四年一二月には、アメリカのソニー・ピクチャーズ・エンタテインメントが、大規模なサイバー攻撃を受け、オバマ大統領は、北朝鮮政府に責任があると非難しています。

北朝鮮は近年、ピョンヤンなどの大都市部で経済が上向いてきたという報道もされています。しかし一方で、国内での経済格差が広がっていて、地方などでは多数の人々が貧困に苦しんでいる、という研究者もいます。これに対して北朝鮮政府は、不満が政府への批判や蜂《ほう》起《き》につながらないよう、国民への監視を続け、軍部の忠誠心を失わないよう軍事費の確保に注力しています。北朝鮮は、東アジアに不安材料をいくつももたらしているのです。

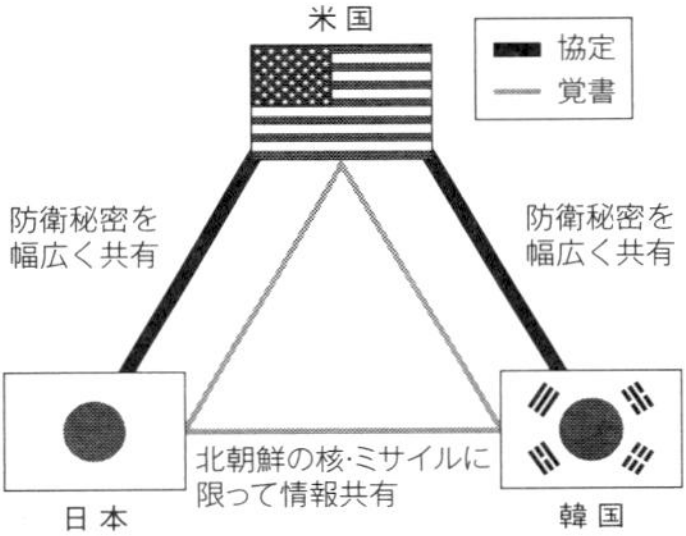

図 1-6　日米韓の情報共有のイメージ
日本とアメリカ、韓国とアメリカは、拘束力のある「軍事情報包括保護協定(GSOMIA)」を結んで防衛機密を共有する一方、日本と韓国は、紳士協定に近い覚書によって、北朝鮮の核・ミサイル情報を共有している。そこからは、日韓間の微妙な関係も見えてくる　(参考) 日本経済新聞 2014 年 12 月 18 日付朝刊

◆揺れる韓国

激動する東アジアの国際情勢の中で、韓国も揺れています。

韓国は安全保障を、自国の兵力とともに、米韓相互防衛条約によって結ばれる米軍に大きく依存しています。有事になれば、二万名前後とされる在韓米軍や、在日米軍を始めとする海外駐留の米軍などが、韓国防衛のために軍事力を行使することになるのです。

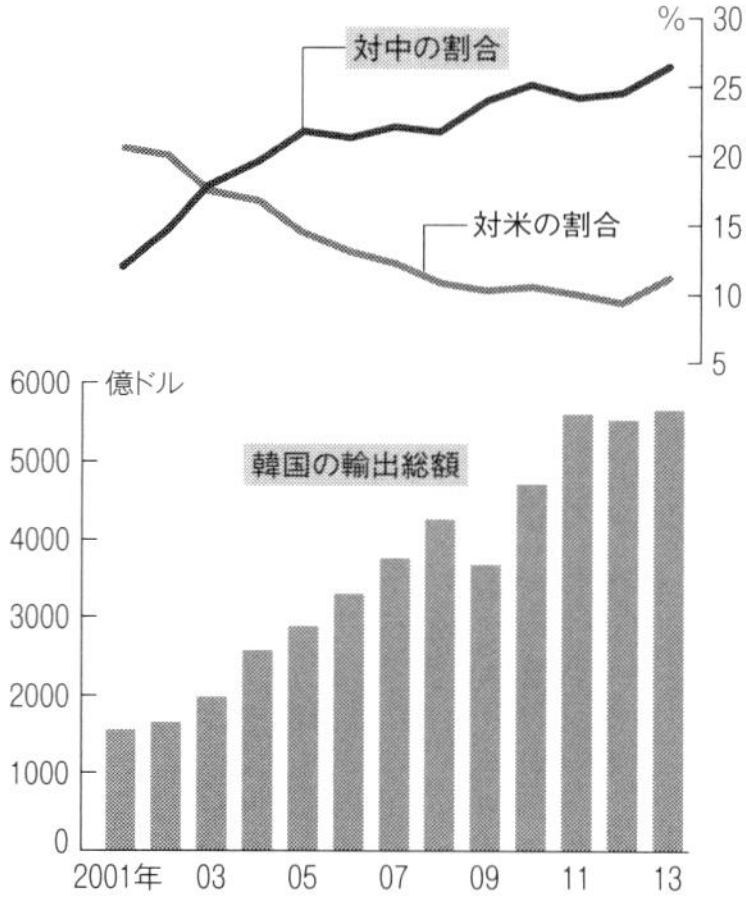

（注）韓国貿易協会まとめ

図1-7　韓国の輸出額の推移　韓国の輸出総額が増える中、対米輸出の割合が減るのとは対照的に、対中輸出の割合は拡大の一途をたどっている　（参考）日本経済新聞2015年1月6日付夕刊

また韓国は二〇一四年一二月、日本も加えた日米韓三か国での、防衛に関する秘密情報の覚書を締結しています。これは、日本とアメリカ、韓国とアメリカが防衛秘密を幅広く共有する一方、日本と韓国も、アメリカを仲介者として、北朝鮮の核・ミサイル関連の情報共有が可能になる取り決めです（図1−6）。韓国にとって、アメリカおよび日本とのつながりは、自国を防衛する上で非常に重要な位置を占めています。

その一方で経済面では、中国の存在感が急速に拡大しています。たとえば韓国の輸出総額における中国向けの割合は、二〇一三年の時点で二五パーセントを超えています。一方、アメリカ向けの割合は、年々減少傾向にあり、同年の数字で一〇パーセント強にまで減っています（図1－7）。

しかしそれにより、安全保障面ではアメリカとの同盟に依存する一方で、経済面では中国の存在感が急拡大する状況となっています。韓国は自国の立ち位置に苦慮せざるを得なくなりつつあるのです。

また日本との間では、竹島《たけしま》（独島《トクド》）問題、教科書問題、従軍慰安婦問題を始めとする諸問題があります。たとえば日本政府は、竹島に関して①歴史的にも国際法上も、明らかに日本固有の領土であり、②韓国による占拠は、国際法上何ら根拠がないまま行われている不法占拠であり、③韓国が竹島に対して行ういかなる措置も、法的な正当性を有してはいない、と主張しています。その一方で韓国は、独島（竹島）は自国領だという立場を取り続けています。こうした点もまた、日韓の安全保障環境に多大な影響を与えています。

◆北方領土問題を抱えるロシア

東アジアにはもうひとつ、周囲に大きな影響を及ぼしている国があります。ロシアです。

一九九一年のソ連崩壊以来、混乱と低迷が続いていたロシアは、二〇〇〇年にプーチン政権が登場すると、主要な輸出品である石油の価格上昇などもあり、経済成長が始まります。

二〇〇八年九月以降のリーマン・ショックや、二〇一四年六月以降の原油価格下落の影響などども受けてはきましたが、ロシアが大国として復活し、極東地域でも、強力なアクターとして再び存在感を発揮し始めたことは間違いありません。

ロシアは、第3章で触れるようにヨーロッパでは、ウクライナへの介入などをめぐって、

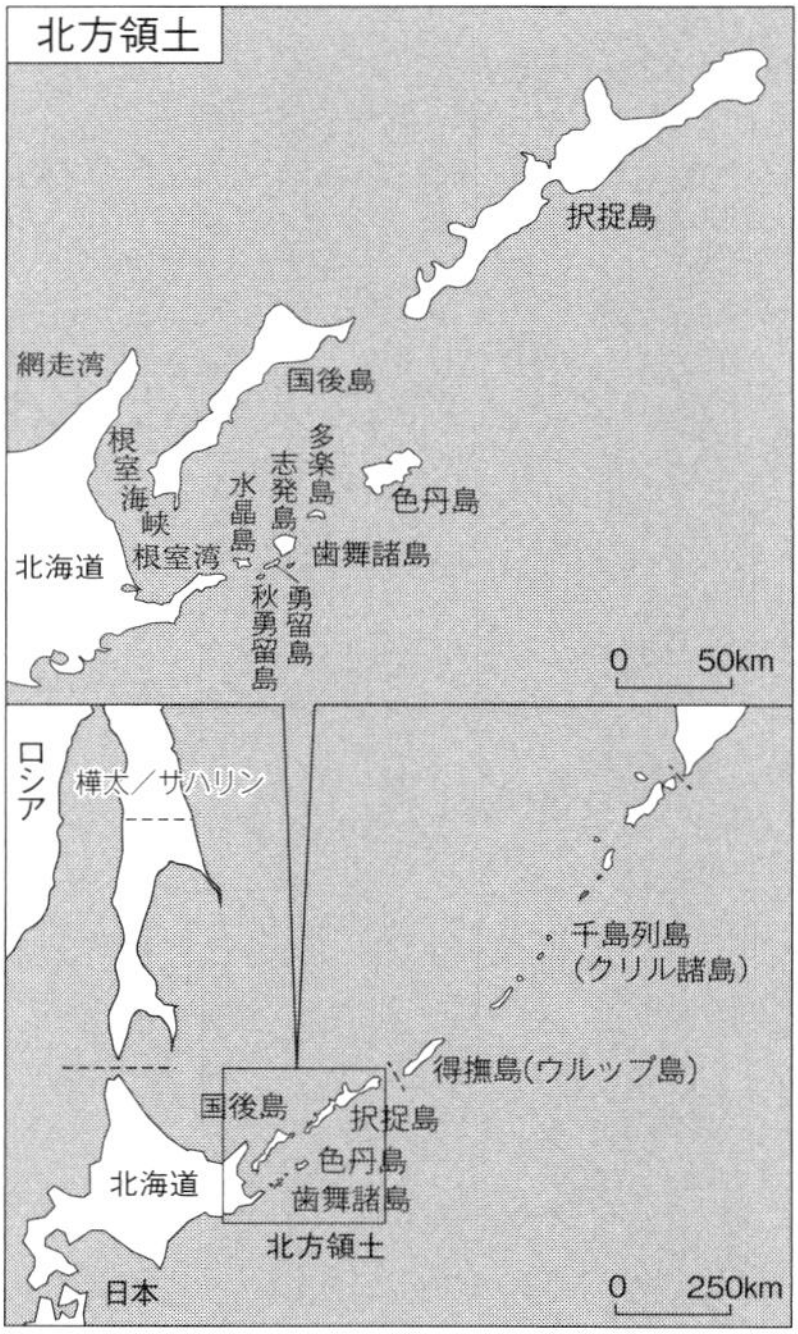

図 1-8　北方領土　京都産業大学の東郷和彦教授によれば、1992 年 3 月にロシアから、① 1956 年の「日ソ共同宣言」で引き渡しが決まっている歯舞、色丹の 2 島について、まず引き渡し交渉を始める。②合意に至ったら、2 島の引き渡しに関する協定を結ぶ。③続いて国後・択捉についての交渉を行う。④合意に至ったら、4 島の問題を解決する平和条約を結ぶとする、ある意味で画期的な提案がなされたという。しかしそれ以降、北方領土問題を解決に導く、より以上の妙案は出されていない

大きな波乱要因となっています。その一方で、アジアにおいては、二〇〇四年から〇五年にかけて、中国との間で長年未確定のままだった、大ウスリー島などの帰属をめぐる国境問題に決着をつけるといったように、周辺諸国との懸案事項を精力的に解決しています。これは、中国などとの将来的な力関係や、長い国境線のあちこちに紛争要因を抱えていることのリスクなどを考えた上での戦略的判断だと見られています。

一方、日本とロシアの間には北方領土問題が存在しています。太平洋戦争の終結前後に、ソ連軍の侵攻によってその実行支配下に置かれた国後《くなしり》、択捉《えとろふ》、色丹《しこたん》、歯舞《はぼまい》群島の四島の帰属をめぐる問題です（図1－8）。日本政府は、北方四島に関して、①ソ連・ロシアによる不法占拠が続いているものの、②日本固有の領土である、との立場を取っています。

ソ連にゴルバチョフ政権が誕生した一九八五年以降、日ソ間の交渉が本格化します。その流れは日ロ間にも引き継がれましたが、依然として交渉のハードルは高いままです。プーチン政権は、この問題の解決を望んでいるとも見られていますが、ウクライナ紛争に関連して欧米諸国から非難を浴びるロシアとどこまで交渉できるのか、交渉の決着点をどこに見出すのかなど、解決への道のりには多くの難題が立ちはだかっています。

◆日本の安全保障と自衛隊

複雑に交錯する東アジアの国際関係の中で、日本もその立場を模索しています。日本は、世界有数の兵力を持つ自衛隊、そして在日米軍の存在によって、自国を防衛しています。

ここで、自衛隊創設の経緯を簡単に振り返ってみましょう。一九四五年八月一五日、日本は「ポツダム宣言」を受諾・降伏。これによって日本軍は武装解除されます。そして四七年五月三日には、戦争放棄を謳った第九条を含む日本国憲法が施行されました。

しかし、その三年後の一九五〇年六月二五日、北朝鮮軍が韓国に大規模攻撃を行い、朝鮮戦争が勃発《ぼっぱつ》します。当時の日本は、連合国軍の占領下にありましたが、米軍の多くが朝鮮半島へと派遣されていきます。日本は、自国防衛の必要性に迫られるようになったのです。

これに対して、連合国軍総司令部のマッカーサー司令官は、日本に七万五〇〇〇人の「ナショナル・ポリス・リザーブ」を作るよう、当時の吉田茂首相に対して指示します。そこから同年八月には、軽武装の陸上部隊である「警察予備隊」が誕生したのです。

一九五一年九月、日本は、ソ連と中国（中華民国）を除く多くの連合国との間で、サンフランシスコ講和条約に署名し、翌五二年四月にそれが発効したことで、主権を回復します。

海上でも防衛力の整備は始まり、講和条約が発効した一九五二年四月には、海上保安庁の中に「海上警備隊」が創設されます。さらに同年一〇月、警察予備隊と海上警備隊は、総理府の外局としてできた保安庁の所属となり、それぞれ「保安隊」「警備隊」と名称が変わりました。

一九五四年三月、日本は、アメリカとの間で「日米相互防衛協定」を締結します。政府はこれを受け、同年六月に「自衛隊法」「防衛庁設置法」を制定。翌七月には保安庁を廃止して、保安隊と警備隊の後継組織となる陸海空の三自衛隊、そしてこれを統制する防衛庁を設立しました。

二〇〇七年一月には、内閣府の外局であった防衛庁が、防衛省に昇格しています。それによって、有事の際、より迅速な対応ができるようになっています。

二〇一三年度末の時点では、陸上約一四万人、海上約四万二〇〇〇人、航空約四万三〇〇〇人の自衛官が、活動に従事しています。

◆国際平和協力活動

自衛隊の存在意義は、第一に安全保障のためであり、それはすなわち日本の防衛のためです。しかし近年では、それと並行して、国際社会の平和と安定のために、積極的な役割を担うことも期待されるようになってきています。

一九九二年六月には、「国際平和協力法」が制定され、以後、二〇一五年春までの間に、計一四の国連平和維持活動（ＰＫＯ）などを始め、人道的な国際救援活動、国際的な選挙監視活動への協力などのために、要員を派遣しています。

ＰＫＯは、国連の活動の一環ですが、そこでは、選挙の監視、敵対する勢力の兵力引き離しを監視するための司令部要員や輸送部隊の派遣、紛争国の安定化のための施設の設営・運営などの活動が行われています。

ただしこのＰＫＯも、時代とともに、活動のあり方が変わってきつつあります。それについては、第7章で触れましょう。

◆変わる自衛権に関する解釈

国際環境の変化の中で、「自衛権」に対する政府の考え方も変わっていきます。

日本がまだ占領下にあった一九四六年六月、吉田茂総理大臣は衆議院本会議の場で、「日本は自衛権の発動としての戦争も放棄している」と答弁しました。

しかし、サンフランシスコ講和条約を結んだ後の一九五一年一〇月になると、吉田総理は、「自衛権は欠くべからざるものであり、当然の権利である」という趣旨の発言をするようになります。自衛権に関する考え方が、大きく変化したのです。

さらに一九五二年一一月には、当時の保安庁長官が、衆議院外務委員会で「侵略戦争を食い止めようというのが憲法第九条の趣旨だ」「自衛力を保持することは禁止されていない」という趣旨の答弁をします。また、その二年後の一九五四年一二月には、防衛庁長官が、衆議院予算委員会で、「国土を防衛する手段としての武力の行使は、憲法に違反しない」「自衛のための任務を有し、その目的のための必要相当な範囲の実力部隊を設けることは、憲法に違反しない」という趣旨の発言をしたのです。

こうした流れの中で、日本は自衛権を保有しており、自衛のための部隊、すなわち自衛隊を保持・運用することは憲法に反していない、という解釈が、日本の中で少しずつ定着していきました。

これと並行して、一九五〇年代末以降、自衛権の中でも、「集団的自衛権」の是非についての議論が、国会で活発化するようになります。集団的自衛権は、本章冒頭でも触れましたが、日本の場合で言うと、アメリカなど日本ときわめて密接な関係にある国が武力攻撃を受けた際、日本が直接攻撃されていなくても、日本が実力を以ってこれを排除する権利のことだと考えてよいでしょう。

自衛権には、自国を防衛する個別的自衛権と、集団的自衛権の二つがある、とされています。従来、日本は集団的自衛権を保有しているけれど、その行使は許されない。という憲法解釈が、政府によってなされてきました。たとえば政府は、一九七二年一〇月の参議院決算委員会に提出した資料の中で、「他国に加えられた武力攻撃を阻止する集団的自衛権の行使は、憲法上許されない」という趣旨の説明をしています。その後の国会でも、同様の答弁がなされてきました。そうした政府の方針が、二〇一四年七月の時点で転換したのです。

◆日本の安全保障政策の変化

憲法第九条で戦争放棄を謳っている以上、他国への攻撃に対処する集団的自衛権の行使まで認めるのは憲法違反ではないか。実質的に憲法を変えてしまう「解釈改憲」ではないか。そう批判する人々も多数存在します。

多くの憲法学者からも、そのときどきの政権が憲法の解釈を自由にできるのであれば、憲法は形骸《けいがい》化してしまう。憲法の解釈改憲は、立憲主義の根幹を揺るがすものだ、とする意見が出されています。

これに対して、自衛隊も、現行憲法の下で徐々にその役割が拡大している。国家の安全保障政策は、その国の生き残りのために最重要な要素であり、国際情勢の変化に合わせて変えていかなければならない、という現実的な主張をする人々もたくさんいます。

日本に駐留する米軍は、強大な戦力を持っています（図1-9）。しかし近年、アメリカは、多額の財政赤字などに対処するために、海外に駐留する米軍部隊を、可能なところから減らそうとしています。そして、米軍のプレゼンスが減少した地域では、同盟国や友好国などにその地域の安全保障を一部肩代わりしてもらおうという、「オフショア・バランシング」と呼ばれる戦略を考えているのです。

こうした流れの中で、日本に強い影響力を持つとされるアメリカの外交関係者たちも、集団的自衛権の行使容認を、日本政府に対して以前から提案してきました。たとえば、元国務副長官のリチャード・アーミテージ氏は、二〇〇〇年一〇月、〇七年二月、一二年八月に出した第一次～第三次「アーミテージ・レポート」の中で、日米の同盟関係を進展させるため、集団的自衛権の行使を解禁すべきだ、という主張をしています。

アメリカのこうした意見に触発されるようにして、日本も集団的自衛権の行使を認めるこ

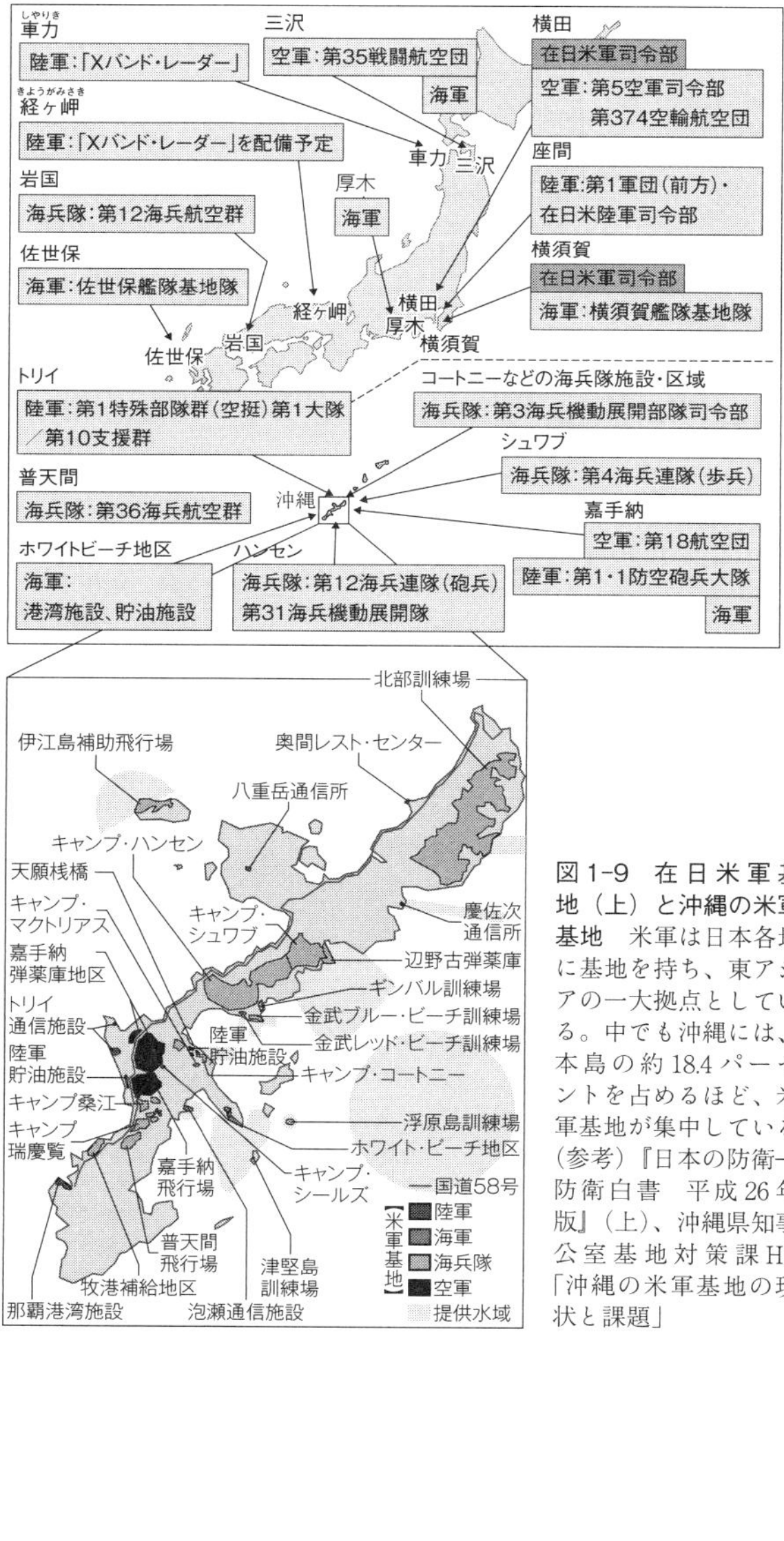

図1-9　在日米軍基地(上)と沖縄の米軍基地　米軍は日本各地に基地を持ち、東アジアの一大拠点としている。中でも沖縄には、本島の約18.4パーセントを占めるほど、米軍基地が集中している(参考)『日本の防衛―防衛白書　平成26年版』(上)、沖縄県知事公室基地対策課HP「沖縄の米軍基地の現状と課題」

とで、アメリカとともに東アジアの安全保障の中心的な役割を担っていくべきだ、と考えるようになった日本の政策関係者も多数います。

これに対しては、集団的自衛権の行使をいったん認めれば、自衛隊が、日本から遠く離れた地域で行われるアメリカの戦争に協力せざるを得なくなるのではないか、と危惧《きぐ》する声も幅広い層から出されています（図1－10）。

図1-10　拡大する日米防衛協力の範囲　「日米防衛協力のための指針」（ガイドライン）の改定にともなって、日米の防衛協力の地理的範囲も拡大。2015年4月の改定では、ついに地理的な制約がなくなっている　（参考）朝日新聞2014年10月9日付朝刊

第九条を含む憲法と集団的自衛権との整合性を、どのように考えるべきか。多くの議論が必要な、きわめて重要な問題であることは間違いありません。

その中で近年、日本の安全保障関連の法制度の整備が、急速に進みつつあります。

たとえば、総理大臣に直結して、安全保障上の重要事項や緊急重大事項についての検討を行う「国家安全保障会議」（日本版NSC）の発足（二〇一三年一二月）。安全保障関連も含めた特定秘密の漏洩《ろうえい》を防ぐための「特定秘密保護法」の施行（同年同月）。武器などの輸出に制限を設けていた「武器輸出三原則」の廃止と、武器の共同開発や輸出の可能性が拡大する「防衛装備品移転三原則」の制定（一四年四月）。憲法改正の賛否などを決める国民投票に関連する「改正国民投票法」の成立（同年六月）。前述した日米韓の「防衛秘密の共有に関する覚書」の署名（同年一二月）。情報収集衛星の活用など、安全保障上の宇宙利用も謳った「宇宙基本計画」の決定（一五年一月）、などのできごとが起きています。

ただし、特定秘密保護法などに対しては、秘密の指定・解除のチェック体制が不充分であるなど、批判の声も挙がっています。

憲法改正も、議論の焦点となりつつあります。さまざまな報道がなされていますが、最短のケースでは、二〇一六年の通常国会で改憲原案を審議し、衆参両院それぞれの総議員の三分の二以上の賛成で可決。同年七月の参議院選と同時に国民投票を実施し、有効投票の過半数の賛成を得た場合には、憲法が改正されることになるかもしれない、といいます。最初の改憲原案では、憲法第九条の改正には触れず、多くの人の賛成が得られやすい点から憲法を変えていこうとするのではないか、とする意見も見られますが、現時点では何とも言えません。

私たちは、東アジアの国際情勢が複雑であり、深刻な問題を多く抱えていることを認識した上で、日本の安全保障政策がどこに向かうべきかを、今後も真剣に問い続けなければなりません。

第2章　アメリカ――リーダーシップは継続するか

◆世界最大規模の経済力と軍事力

現在の国際情勢においてアメリカは、文字通り圧倒的な影響力・強制力（パワー）を持つ唯一の超大国として存在しています。

対外関係では、二国間交渉で主導権を発揮するのはもちろんのこと、環太平洋戦略的経済連携協定（TPP）などの多国間交渉の場を設定し、リードして合意を形成したり、国連を始めとする国際機関などの場で活動の方向性を決めるなど、決定的な影響力を保持しています。

この背景にあるのは、広大で豊かな国土。世界第三位の規模を誇る人口。その人口と起業家精神に支えられた世界最大の経済。最先端の科学・技術力。才能のある人材を世界中から吸収し、彼らを政治、行政、経済、科学などさまざまな分野で活用する社会の仕組み。アメリカがリーダー国であり続けられる世界秩序を維持する、地球規模の戦略を生み出す政策立案・実行能力。これらを担保する世界最強の軍事力、などといった要素です。

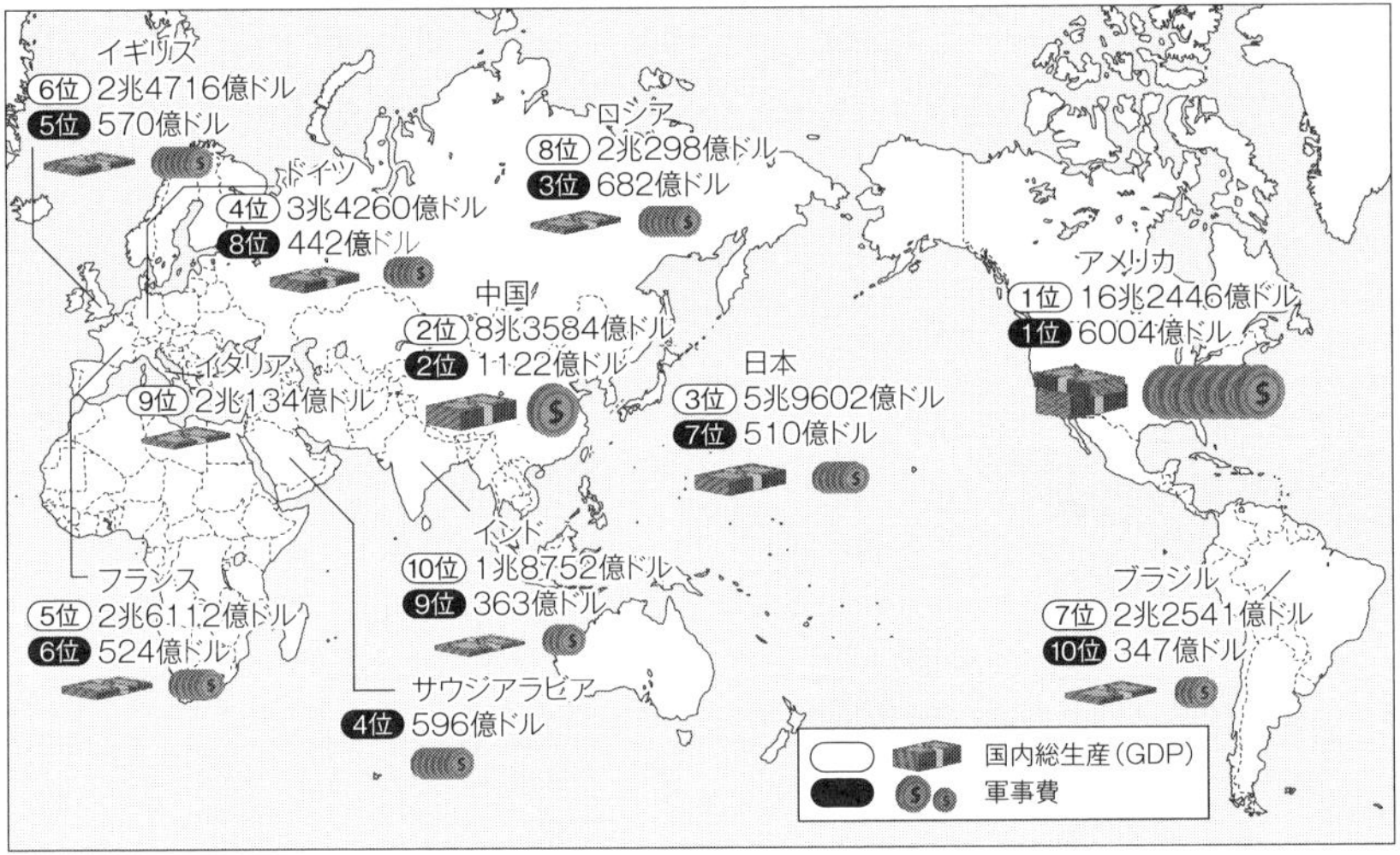

図 2-1　国内総生産（GDP、2012 年）と軍事費（2013 年）の世界上位 10 か国　アメリカが隔絶した力を持っている世界の現状がわかる（参考）『世界国勢図会　2014/15 年版』

たとえば図2－1を見てみましょう。経済規模の指標となる国内総生産（GDP）の規模は、二〇一二年の数字で、世界第二位の中国の二倍弱、第三位の日本の三倍弱。軍事費に至っては、第二位の中国から第一〇位のブラジルまでを合計した金額よりも巨額です。他の主要国と比べて、これ程の力を持つに至った国が存在することは、歴史を振り返って見ても稀《まれ》な現象だといってよいでしょう。

◆巨額の財政赤字を抱える

しかし近年は、内政上の問題、ライバルとなる新興国の登場、中東問題での苦悩など、アメリカの覇権的地位を脅かす要素がいくつも出現しています。

そのひとつに、財政赤字の急増という問題があります。その数字は、二〇一二年のアメリカ連邦政府の総債務残高で一五兆二三九〇億ドル。対GDP比は九三・八パーセントに上ります（図2－2）。

主要先進国で、地方政府の債務を除いた「中央政府総債務」の対GDP比がアメリカよりも高い国は、債務危機問題で揺れるギリシャ（一六三・九パーセント）を筆頭に、日本（一四九・二パーセント）、財政事情の悪化が懸念されているイタリア（一三一・一パーセント）、フ

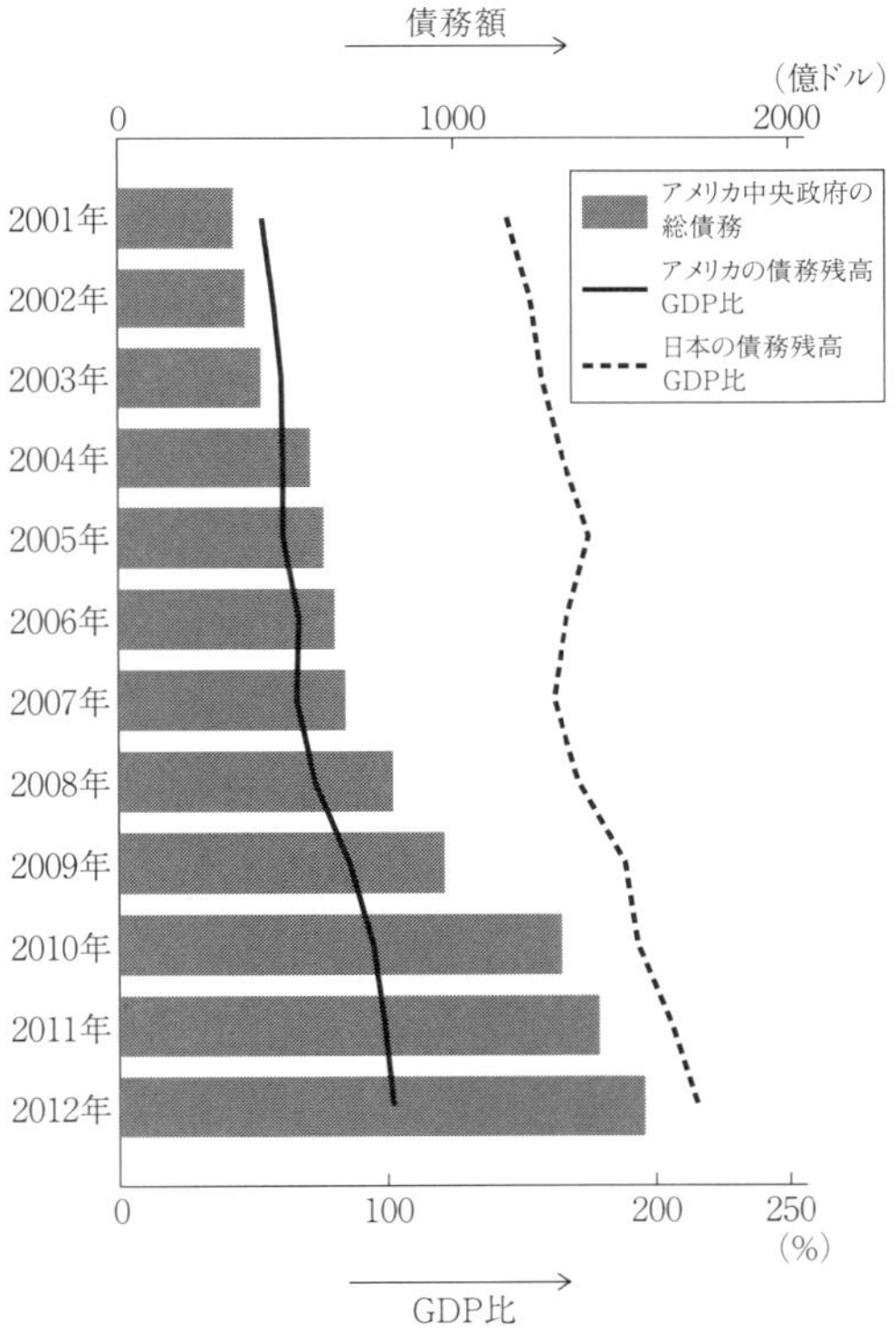

図 2-2　アメリカの中央政府（連邦政府）の総債務（横棒グラフ）、およびアメリカと日本の一般政府（国・地方・社会保障基金を含む）の債務残高の対 GDP 比　アメリカは、対 GDP 比では日本よりも低いが、絶対額としては世界最大規模の債務を背負っている　（参考）『世界国勢図会　2005/6年版～2014/15 年版』

ランス（一〇三・八パーセント）、イギリス（一〇二・八パーセント）などいくつかの国があります。しかしその一方で、欧州にはスウェーデン（三六・五パーセント）、フィンランド（五三・六パーセント）、ドイツ（五六・九パーセント）など、健全な財政状態を保っている国もあります。財政悪化の進んだ欧州各国は、そうした国々からしばしば非難を受けています。日本でもことあるごとに、財政悪化の危険性についての議論が巻き起こります。

とはいえ、これらの国々の債務も、絶対額ではアメリカに及びません。アメリカ以外で最多の総債務残高を抱えている国は日本です。しかし、日本の中央政府総債務の絶対額は、アメリカの半分前後に過ぎません。ちなみに各国とも、中央政府の負債の他に、地方政府の負債などがあり、それらを合計すると、その国の負債総額はさらに巨大になります。

アメリカは、中長期的に見て、その影響を受け続けることになります。近年の軍事費の削減は、そのひとつの現れです。さらに財政事情の悪化は、道路や通信網などインフラの整備・復旧を遅らせ、教育や科学技術の振興のための予算を充分に支出できない、といった状況を生み出します。これは将来的に、アメリカの成長を阻害する原因にもなりかねません。

さらに、予算という制約要因は、国際社会におけるアメリカの軍事・外交政策の幅を狭め、その影響力をある部分で弱めてしまうかもしれません。アメリカも、自国の将来を賭けて、巨額の財政赤字問題に取り組まざるを得ない状態に追い込まれているのです。

◆深刻さを増す経済格差

アメリカの未来を危うくするもうひとつの大きな国内問題は、経済格差の急速な進行です。

近年、アメリカでは、裕福な人々の多くがより豊かになり、中流層では所得が停滞または減少し、貧困層はさらに貧しくなる、という傾向が進みつつあります。

これは、製造業などが、より安い人件費で労働者を雇用できる国外に出て行ったため、国内では、中間層の仕事が減り、従業員に高額の賃金を支払うことのできる金融、情報技術（IT）、医療などといった最先端技術を駆使する産業分野と、その逆に低水準の賃金で労働者を雇用する地域住民向けのサービス産業などの割合が増えたことが、ひとつの原因とされています。

高い所得を得ている専門職の人々は、その知識や経験を活かし、よりよい待遇を求めて他社に移るといった道も開けています。しかし、たとえば教育水準が低く、サービス産業などにおいて低賃金で働く多くの労働者にとって、自分の社会的地位を向上させ得る可能性は、非常に限られています。

また、高学歴で高所得を得ている人々の場合、所得のうちのある部分を、自分たちが経営する企業、あるいは他社の株式や債券、不動産などに投資し、そこから多くの「資本所得」を受け取っていることがよくあります。こうした資本所得の伸び率は、経済成長率や、低・中所得層の賃金の伸び率を上回ることも多い、という研究結果も見られます。このことも、高所得層と低・中所得層との所得格差の拡大につながっている、と考えられています。

実際、アメリカの過去三〇年間の数字を見ると、下位九〇パーセントの人々の賃金上昇率が、平均で約一五パーセントだったのに対し、上位一パーセントの人々では約一五〇パーセント、上位〇・一パーセントの人々では三〇〇パーセント以上を記録しています。

その結果、上位一〇パーセントの人々の所得（賃金と資本所得などの合計）は、アメリカの全国民の所得合計の五割に迫ろうとしています。

さらに、上位一〇パーセントの人々の持つ財産を平均すると、標準的なアメリカ人の財産の約二二五倍になるとするデータもあります。一九八三年の時点で、この数字は一〇〇倍を超えていましたが、その格差がより一層拡大したのです（ジョセフ・E.スティグリッツ『世界の99%を貧困にする経済』）。

二〇一一年九～一〇月前後、アメリカ・ニューヨーク市を中心とする各地で、「ウォール街を占拠せよ」を合い言葉とする大規模なデモ活動が実施されました。これはまさしく、ほんの一部の富裕層が巨額の財産を保有する一方、その他大勢が貧困に苦しんでいる現状に対して、多くの人々が怒りを表明した結果です。

所得格差の拡大は、アメリカ人の消費行動だけでなく、政治的な立場をも二分化しようとしているのです。

◆都会vs.田舎

アメリカには、富裕層と貧困層という境界線に加え、さらに国を二分する対立軸があるといわれています。それが「都会」と「田舎《いなか》」です。

ウォール・ストリート・ジャーナル紙のローラ・メックラー記者とアメリカン大学のダンテ・チーニ研究員によれば、都会と田舎における人々の生き方や考え方には大きな違いがあり、そこからは二つの異なるアメリカの姿が見えてくる、といいます（「二極化進む米国社会――「都会」と「田舎」が対立軸」『ウォール・ストリート・ジャーナル日本版』2014年3月25日）。

一方で、都市部の住民は、宗教が「自分にとって重要ではない」と考える人の割合が田舎の三倍にも上り、公民権運動や女性運動、性的マイノリティへの理解が高い傾向があります。さらに消費行動においては、ITを駆使し、都会的なセンスの衣料品などを好みがちだ、という調査結果も出ています。

他方、田舎の住民は、信仰心が篤く、思想的にはより強い保守的傾向があります。銃を所有し、軍への支持率も高い水準を維持しています。消費行動においては、より素朴な日用品や食事などを好む傾向があります。注目すべきはその人口構成で、田舎では、地元に就職先や娯楽などが少ないため、高校や大学を卒業すると、故郷を出て行く若者たちが多数存在します。それによってアメリカの田舎では、白人の高齢者の割合が急増し、保守化が一層進んでいます。

都会と田舎という境界線もまた、アメリカの二分化の要因になりつつあるのです。

◆宗教右派と政治的保守派

近年、アメリカで勢力を伸ばしてきたグループがあります。それが、宗教右派であり、政治的な保守派グループです。

宗教右派は、聖書の記述はすべて真実であると考える「福音派」を中心とする宗教保守派

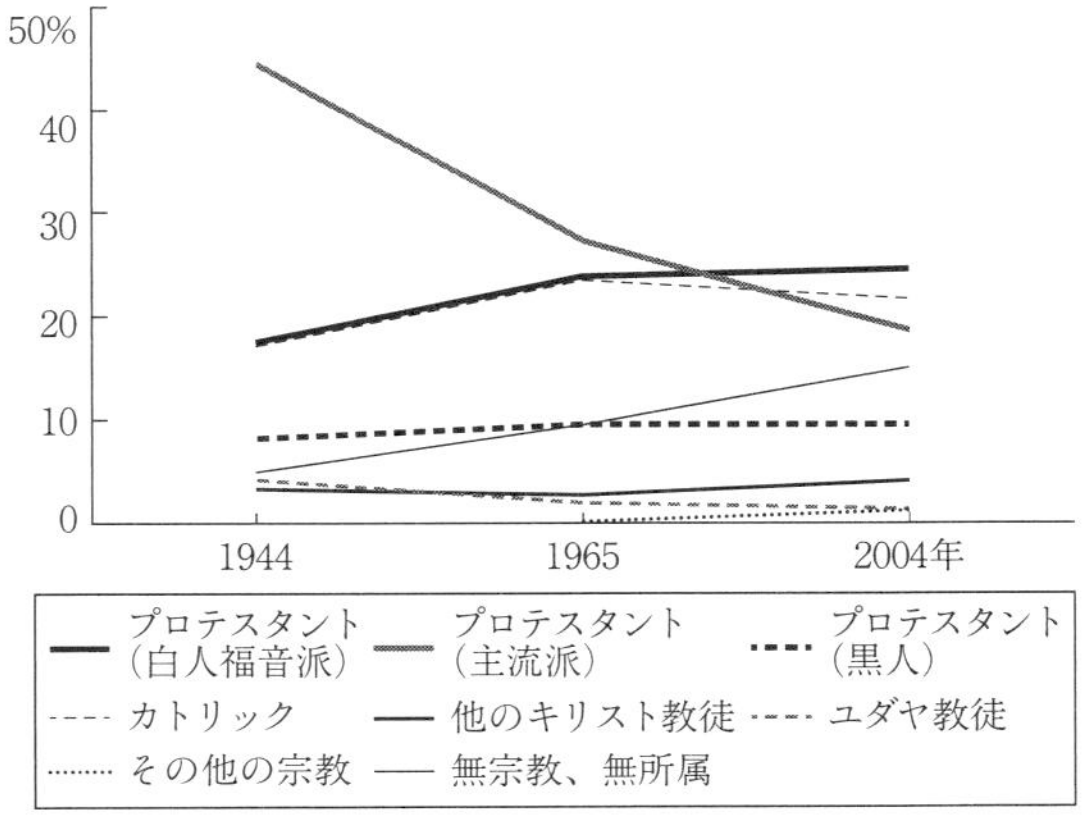

図2-3　アメリカの成人の宗教　非常に保守的な「白人福音派」の割合が増加し、アメリカの成人人口の約1/4を占めるまでになっていることが見て取れる　（参考）『アメリカの宗教右派』

の総称です（図２－３の「白人福音派」参照）。宗教保守派の中にも、さまざまな宗派や立場がありますが、アメリカ国内での一大争点である同性愛や人工妊娠中絶に反対するなど、伝統的な宗教観と社会観を持つことでは共通しています。

一方、政治的な保守派グループも、内部に多様な組織や思想を含み、そのあり方も地域によって若干異なりますが、最小限の税金と歳出に限定された小さな政府の創出と、自由市場経済の促進を求めるという点では、共通点があります。

たとえば安全保障に関しては、自国を防衛できる最小限の軍備でよいという声もあれば、国際秩序を保つために軍事面では積極的な役割を果たすべきだとする人々もいるなど、その主張も多様ですが、それ以外の面では、政府の役割を極力最小化すべきだという考え方で、ほぼ一致しています。

注目すべきは、政治的な保守派を支持する人々のすべてが裕福な人々、というわけではないことです。一見、所得の低い人々は、政府の役割を拡大させ福祉給付などを増やすことで、自分たちの収入をより安定させたいと思いそうです。しかし彼らのうちの少なからぬ人々が、身近なコミュニティの中で、自分たちの身の丈にあった暮らしを続けることが一番の幸せだ。巨大な政府が、自分たちの生活とはまったく縁のない分野に巨額の資金を投入することをやめさせよう、などと考えて保守派の意見に賛同しているのです。

ここで重要なのは、保守的な政治思想を持つ人々と、宗教右派の政治的な主張には、共通点も多いことです。さらに、前節で紹介した、白人高齢者の割合が急増している「田舎」の住民にも、思想的にこれらの人々と一致する要素が多いことは確かです。

田舎に住む白人高齢者、政治的保守層、宗教右派。こうした人々が、一定の共通項でまとまり、アメリカの政治に大きな影響を与えていることは見逃せません。

◆二色に分かれた選挙地図

こうした状況は、アメリカの国内政治にも大きな影響を与えています。たとえば、二〇一四年一一月にアメリカで行われた「中間選挙」を見てみましょう。

中間選挙は、アメリカ大統領の四年の任期のうち、二年が経過した時点で実施される選挙のことです。連邦議会の上院議員の三分の一、下院議員のすべて、任期の満了した州知事の選挙などが集中します。

このときの選挙では、民主党支持層の多い若者の投票率が低かったこと。一方で共和党が、得票率の高い高齢者や白人層の支持を固めたこと、などから共和党が勝利を収めました。

ここで着目すべきは、当選した候補の地域別片寄りでしょう。図2－4は2014年の中間選挙で選ばれた州知事の党派別勢力図です。これを見ると、民主党の知事は、東部と西部、北部の一部に限定されていることがわかります。一方、共和党は、南部、中西部のほとんどの州を獲得しています。ごく大まかに言えば、大都市も多いリベラルな沿海部の州などでは民主党が、内陸部の保守的な州を中心に共和党が、知事の座を射止めたことになります。この傾向は、上下両院議員の場合も同様でした。

ここからは、アメリカの中で、政治的見解、ひいては社会のあるべき姿についての意見が、まっぷたつに分かれているようにも見えます。実際には、多くのアメリカ人の考え方は中道

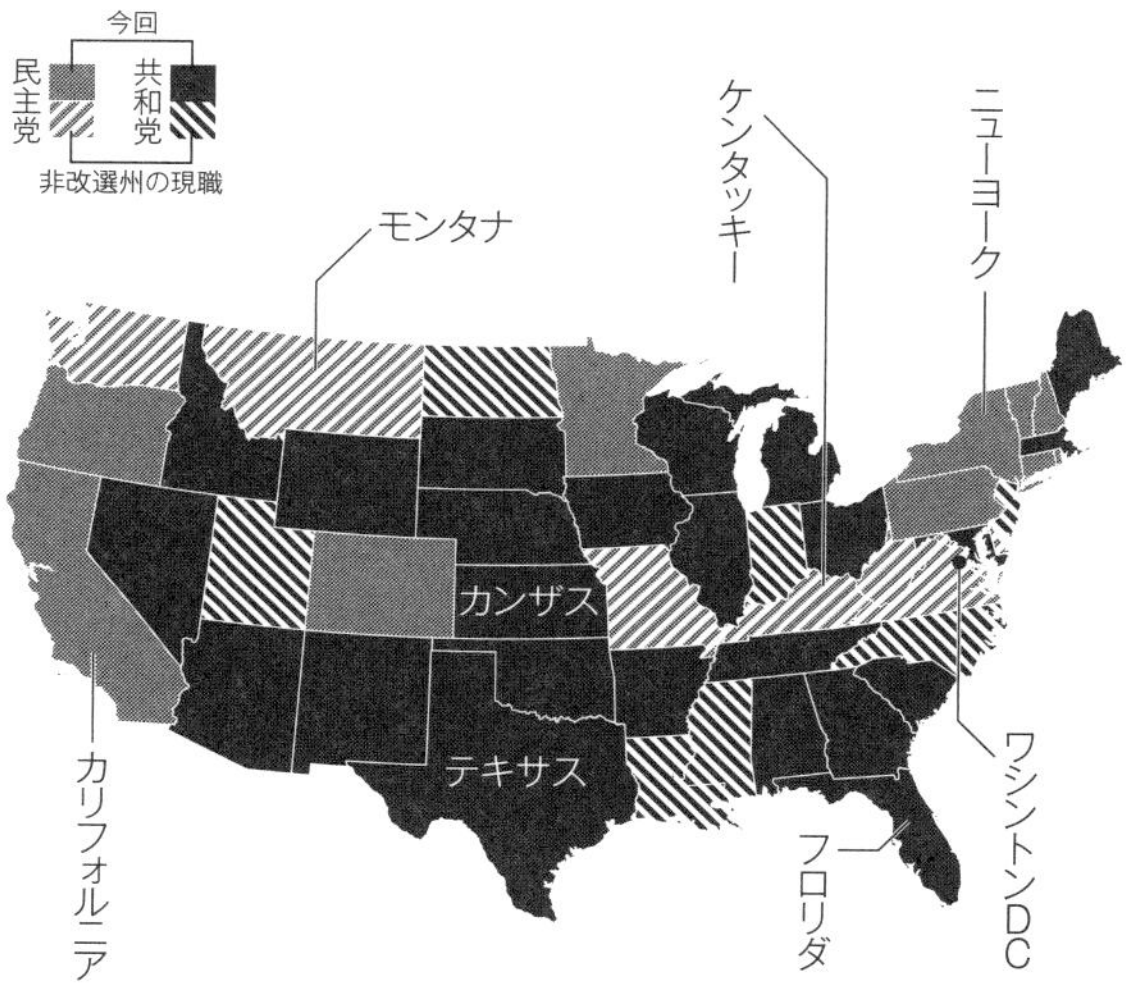

図2-4　2014年11月中間選挙後の州知事の党派別勢力図　民主党は東部と西部、北部の州の一部、共和党は南部、中西部のほとんどの州というように、両者の地理的分布ははっきりと分かれている。アメリカの2極化のひとつの象徴的現象ともいえる　（参考）朝日新聞2014年11月8日付朝刊

的な立場だ、ともされています。

しかし、中道的な立場の人々よりも、左右両極の意見を持つ人々の方が、組織化し、政治的な意見を社会に反映させることに長けている傾向があります。

現在、こうした人々の意見や立場が硬直化し、たとえば民主、共和両党の支持層の間で、政策や意見の歩み寄りの余地がどんどん小さくなっている、といわれています。

そこには、経済格差の進行、都会と田舎の両極化、先鋭的な宗教的立場を取る勢力の伸張などを背景とする、政治的立場の二極化の進行という現象があるように見えます。

この点もまた、アメリカの未来に大きな課題を提起している、といえるでしょう。

◆独特な文化、風習、考え方を持つ移民の急増

アメリカの状況をさらに複雑にしているのが、多数の移民の存在です。

この国は、もともと移民によって作られた国であり、現在も多くの移民を受け入れています。そのため二〇一〇年の数字で、国内に、人口の約一三パーセントに当たる四〇〇〇万人程の移民（生まれたときからアメリカの市民権を持っていない人々）がいる、とされています。このうち、メキシコを中心とするラテンアメリカ系（ヒスパニック）が約五三パーセント、アジア系が約二八パーセントを占めています。

そうした移民の中でも、社会学者などが注目しているのが、メキシコ出身の人々の動向です。メキシコ系の人々は、アメリカの隣国が出身地であるため、その数が膨大で、二〇一〇年の時点で、アメリカの総人口約三億九〇〇〇万人のうち、移民二世、三世なども含めると三〇〇〇万人以上を占めています。この数字は、今後も増えていく可能性が高いでしょう。さらに、実態を把握できないメキシコ系の不法移民も多数存在しています。メキシコ系の人々

は、アメリカの中でも西部地域、とくにカリフォルニア州周辺にまとまって住むことが多く、こうした地域ではアメリカのものとは違う独特な文化や風習、言語などが生まれ、息づいています。そこでは、英語が苦手という若者も多いことが報道されているほどです。

メキシコ人を中心とするヒスパニック系の人々は、二〇一〇年時点でアメリカ人の約一六パーセントを占めていますが、五〇年後の六〇年には約三〇パーセントに増える、という予測もなされています。その一方で、同期間中に、白人の割合は七二パーセントから六九パーセントに減る、ともいいます。実際には、さらに減少することもあり得ます。

現在も増えつつある移民たちは、政治的な立場や考え方も、これまでのアメリカのあり方とは異なるものである可能性があります。アメリカは今後、こうした要素も、不安定材料のひとつとして抱えていくことになるのです。

アメリカの内政問題は他にいくつもありますが、まずはここまでにしましょう。

◆アメリカに挑戦する新興国

国際関係においてもアメリカは、さまざまな難題に直面しています。

そのひとつが、新興国の挑戦です。中国を筆頭に、インド、ロシア、ブラジルといった、国土面積や人口、経済規模、軍事力などの巨大な競合国が、近年めざましい成長を遂げるようになり、アメリカの覇権を揺るがす事態も生まれつつあります。中でもアメリカの世界戦略に挑戦的な姿勢を示すことの多いのが、中国とロシアです。

中国は現在、自国の国際的影響力を拡大するための軍事力の増強に余念がありません。二〇一五年三月に発表された一五年度の国防予算規模は、九〇〇〇億元弱（一七兆円弱）。中国の国防予算は、今から二六年前の一九八九年度以降、二〇一〇年度のたった一回を除けば、すべての年度で前年比一〇パーセント以上の伸びを示しています。さらに、別の項目で計上している予算があるので、実際の軍事予算は公表分の一・五〜二倍、ひょっとすると三倍くらいではないか、と見る研究者もいます。中国は、経済成長を上回るスピードで軍備を拡充し、軍事予算も、一〇年、二〇年単位ではアメリカを追い越す可能性があります。

また、冷戦時代にアメリカと対峙《たいじ》していたソ連の後継者ロシアも、欧米主体の国際秩序に対して対決姿勢を取りがちな側面があります。

たとえば二〇一四年三月には、ウクライナ領であったクリミア半島を併合し、現在も、ウクライナ東部をめぐって、ウクライナやそれを支持する欧米各国と対立する姿勢を崩していません。アメリカに匹敵する巨大な核戦力と、世界有数の規模を誇る通常兵力を有するロシアの動向は、欧州の安全保障を危険にさらしかねないと、大きな懸念を生じさせています。

さらに中国、ロシアとも、高いサイバー攻撃の能力を持ち、アメリカの社会や軍の中枢機能に巨大なダメージを与えるだけの力を保有しているのではないか、と懸念されています。両国は近年、宇宙の軍事利用をめぐって連携を深めている、という報道もなされています。中ロの動向に関しては、次章でも触れることにします。

◆出口の見えない中東問題

中東問題も、アメリカにとって、効果的な解決策のなかなか見つからない難問です。

これは、中東地域の長い歴史と、欧米列強の植民地支配とが関わる、きわめて根の深い問題ですが、まずはイラク戦争から見てみましょう。

アメリカは二〇〇三年三月、イギリスなどの友好国を中心とした有志連合を組織し、イラクに侵攻しました。イラクが、核兵器などの大量破壊兵器を開発・保有している可能性があるなどの理由の下に、攻撃を開始したのです。翌四月には早くも、首都バグダッドを含むほとんどの地域を占領下に置くに至っています。

しかし、アメリカはそこで、イラクの円滑な統治・復興に苦慮します。イラク指導者には、管理能力がなく、腐敗した人物も多く、その結果として国内が分裂することになったのです。イラク国内では、政府や警察関係者、米軍兵士などへのテロが相次ぐようになります。

最終的に米軍は、二〇一一年一二月に全部隊が撤収しますが、それに至る過程で、フセイン政権は核兵器などを保有していなかった。アメリカだけでも、当初の見込みを遥《はる》かに超える、一六万人以上の兵士がイラクに派遣されることになった。テロリストと疑われた人物が、尋問のために虐待された。テロリストと見られる人物への無人機による攻撃が多数行われるようになり、多くの市民も犠牲になった、などの事実が浮かび上がり、アメリカの国内外で、この戦争に対する批判も生まれています。

イラクでは、米軍が撤退した後も、宗派対立などによる国内の分裂が続いています。

さらに、二〇〇一年九月のアメリカ「同時多発テロ事件」の翌月から始まったアフガニスタンでの戦闘は、いまだに終わりが見えません。オバマ政権は、駐留米軍の段階的縮小を表明していますが、反米勢力の動きが依然として深刻な不安定要素となっているため、撤退が予定通りに進むかどうかはわかりません。反米勢力の勢力伸張には、一〇年から一二年にかけて広がった「アラブの春」と、その後の中東地域の混乱も大きく影響しています。中東各地では、第８章で紹介する「イスラム国（ＩＳ）」のようなイスラム過激派武装勢力が勢力を伸ばし、苛酷《かこく》な支配を行うようになったり、無政府状態に陥ったりしている地域が拡大しています。

アメリカは、出口の見えないこの問題にも、対処を余儀なくされているのです。

◆世界中に広がる基地と同盟国

国際関係でも多くの問題に直面するアメリカ。巨額の財政赤字を抱え、軍事費にも予算上の制約があるアメリカ。世界におけるこの国の影響力は後退し、ついには経済、軍事、科学などにおけるナンバーワンとしての地位まで失ってしまうのでしょうか。

そこでまず、アメリカの軍事的影響力について、もう少し見てみましょう。戦後、「世界の警察官」としての役割を担い続けてきたアメリカは、自国の兵士を世界中に派遣していま す。少し前の数字ですが、二〇〇一年九月の段階では、世界約二〇〇か国のうち、一五三か国に兵員を派遣していた、とされています。もちろんその多くは、ごくわずかな規模に過ぎませんが、巨大な基地を持つ地域もたくさんあります。

とくにそれは、経済的にも文化的にも強い結びつきがあり、戦略的にも非常に重要な欧州と東アジアに多く見られます。欧州では、ドイツを筆頭に、イタリア、イギリス、スペイン

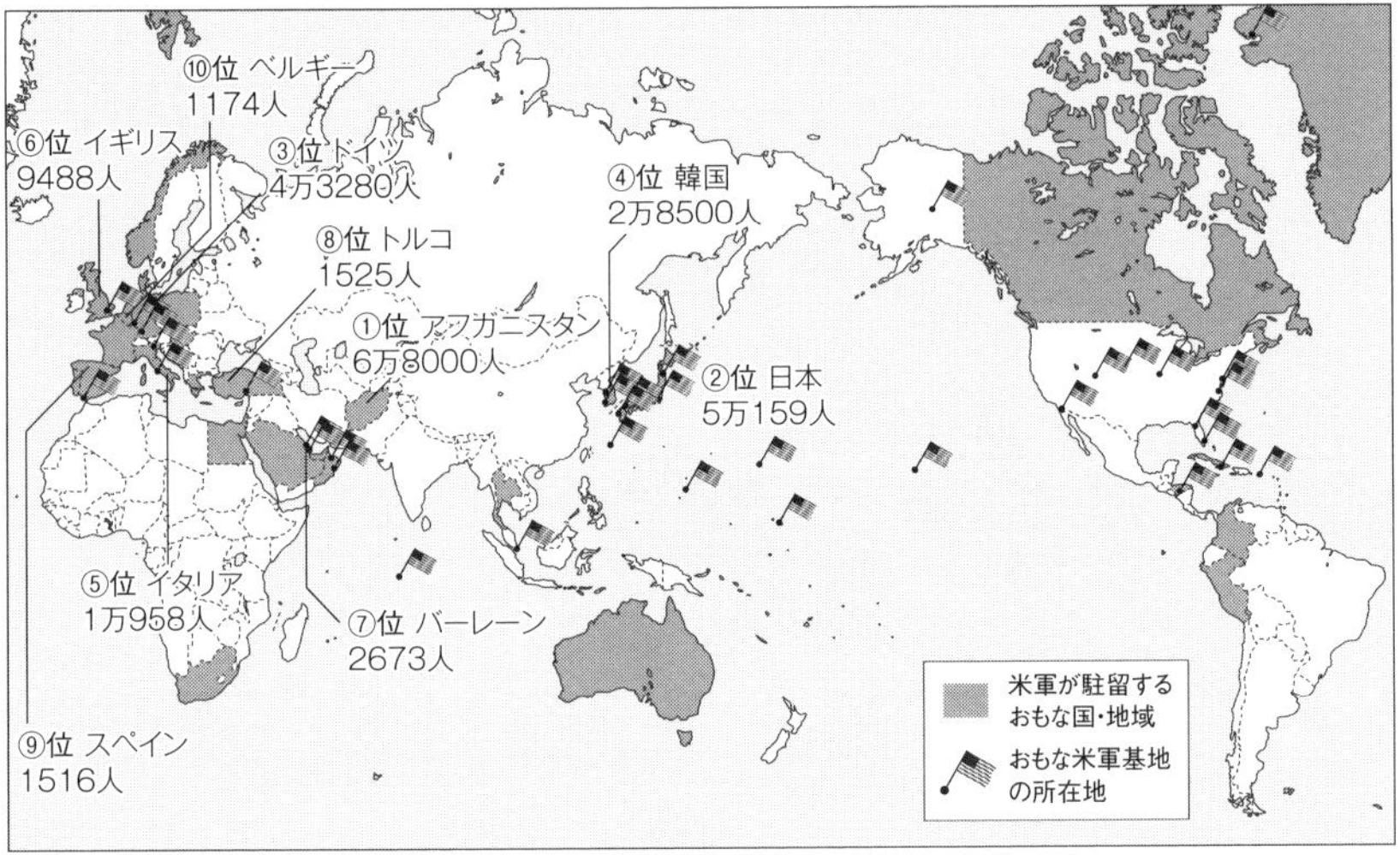

図 2-5　米軍の海外駐留兵員数（2013 年 6 月時点）　2015 年 3 月時点では、アフガニスタン駐留米軍の数は約 9800 名規模に縮小されている。とはいえ、アメリカが世界各地に膨大な兵力を送っていることには変わりない　（参考）『今がわかる時代がわかる　世界地図　2014 年版』

など。東アジアでは、日本と韓国に多数の兵力を駐留させています。それ以外でも、中東のアフガニスタン、バーレーン、規模は小さくなりますがサウジアラビアやアラブ首長国連邦（UAE）、アフリカでは南アフリカなど、東南アジアのタイ、シンガポール、さらにオーストラリアや中南米の数か国にも、兵員を派遣しています（図2－5）。

世界のどこかで安全保障上の問題が起きれば、その地域の米軍と、ケースによっては近隣の同盟国軍が対処することになります。アメリカの伝統的な戦略は、各大陸の中に、アメリカの覇権を覆すような国や同盟を作らせないことだ、といわれています。そのために、世界各地に駐留する多数の米軍と、その同盟国の兵力は、大きな役割を果たしているのです。

近年、中国やロシアなどの新興国が、軍事的にも存在感を増しています。しかし、細かく張りめぐらされたアメリカの軍事網の存在などを考えると、これらの国が、世界における影響力という点で、ここ数十年ほどの間にアメリカを凌駕《りょうが》することは、なかなか難しいことだと言わざるを得ません。

◆次世代産業を生み出す力

アメリカは、国力の源泉となる、次世代の産業を生み出すという点においても、卓越しています。その典型例が、今日のＩＴ産業の隆盛であり、その次の展開としての「人工知能」の開発と活用です。

人工知能は近年、コンピュータの演算能力の加速度的な向上や、ソフトウェアの革新的な進歩などによって、めざましい発展を遂げています。そこでは、人間の複雑な会話の意味を理解したり、与えられた課題に対して、大量のデータをごく短時間のうちに処理・解析することで、最善だと見られる解答を導き出したりすることが可能になりつつあります。

さらに、ヒト型、あるいは飛行体など、各種のロボットと組み合わせることで、人間や社会に対して直接働きかけることもできるようになってきています。

現在、人工知能を実社会で活用しようとする試みが、先進各国を中心として進行中です。近い将来、家電やクルマ、公共サービスなど、人間の生活に関わる多くの商品やサービスに、人工知能が使われるようになる、といわれています。

この点においてもっとも優れた才能を発揮し得る、と見られているのがアメリカです。たとえば、この国ではすでに、医師が患者を問診したり、薬剤師が薬を処方したりする際に、人工知能が補助的な役割を担うようになったケースも登場しています。こうしたことすら実現してしまう革新性。有望そうなソフトウェアや装置を次々に生み出していく才能ある人材を引きつける社会的風土。そうした人材を資金面・情報面などでサポートする人や仕組みの存在。さまざまな各方面の技術を統合し、新たな技術や商品、サービスなどを生み出す壮大な構想力、といった点でアメリカにかなう国は見当たりません。

人工知能に代表される、二一世紀の新たな産業の多くが、アメリカから生まれる可能性も高いのです。

◆シェールガスの存在

広大な国土に恵まれたアメリカは、資源大国でもあります。たとえば次世代エネルギーのひとつとされるシェールガスも、国内各地で大量に発見されています（図2-6）。

シェールガスは、地下二〇〇〇～三〇〇〇メートルほどに存在する頁岩《シェール》層に閉じ込められた天然ガスのことです。数十年間の試行錯誤を経た掘削・回収技術の改良によって、近年、商業用として実用化されるまでになりました。シェールガスの開発・利用の将来像は、競合するエネルギーである原油の価格などにも左右されますが、中長期的にはその利用が急速に拡大していく可能性がある、と考えられています。これによってアメリカは、エネルギーの輸入を減らし、逆にエネルギーの輸出国になる可能性すら指摘されています。

一方、アメリカの競合国である中国にも、世界最大のシェールガス資源があると目されています。ただし、アメリカと違い、険しい山の多い四川省《しせんしょう》などにかなりの量のシェールガスが存在しているため、開発にはより多くの時間と費用がかかる、とする研究者もいます。

さらにアメリカは、その隣国であるカナダとメキシコにも、大量のシェールガスが存在しています。このこともまた、アメリカのエネルギー安全保障を、より有利にしています。

ここまで、アメリカの問題点と強さの一端を紹介してきました。アメリカは、国内の分裂という深刻な課題を背負っています。さらに、経済規模では中国などに追い抜かれる可能性もあります。しかしその一方で、国際関係においては依然として際立った強さを持っていることは間違いありません。次世代においてもその地位を保ち続けられる可能性は高い、と思われます。

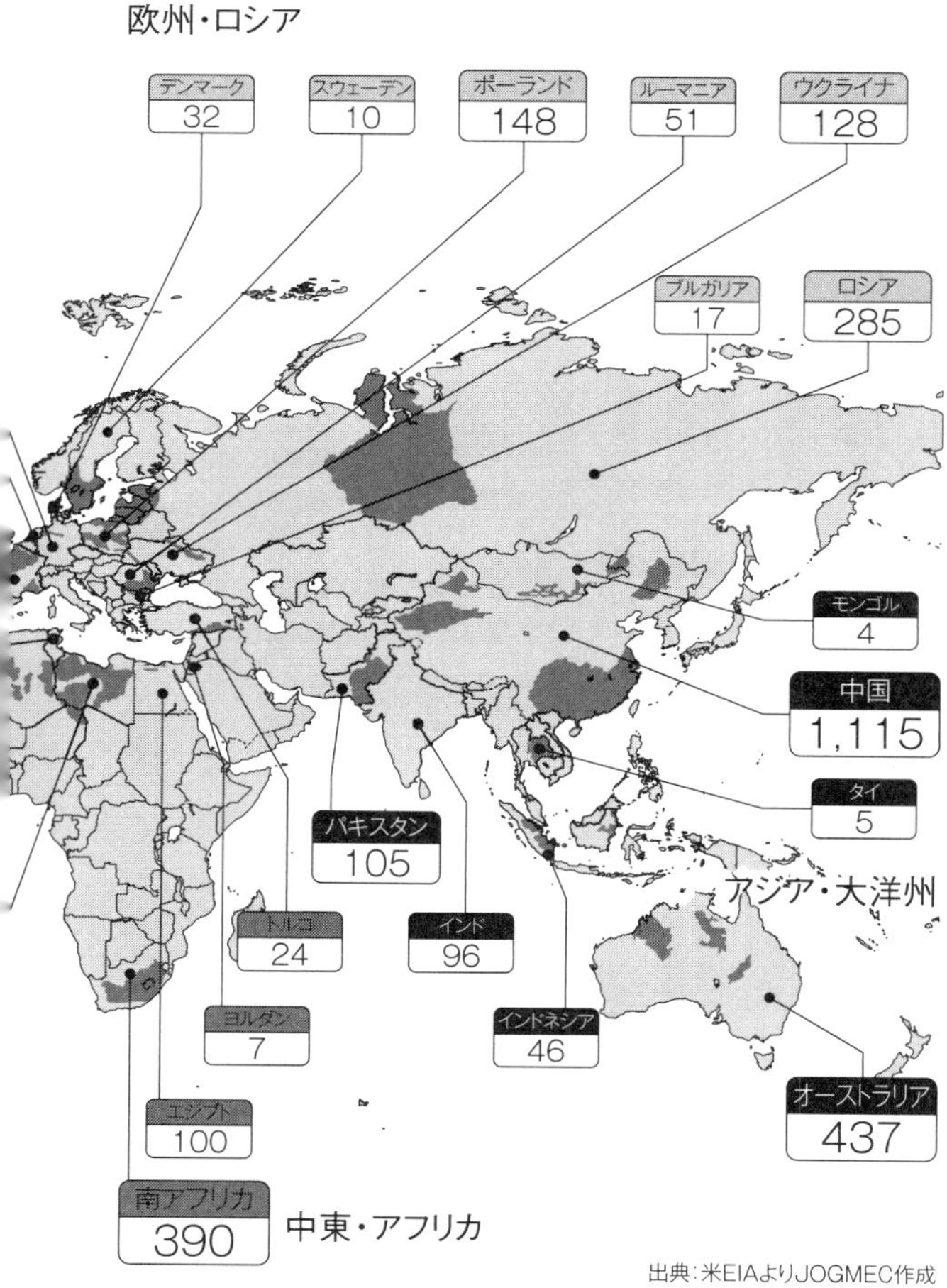

出典：米EIAよりJOGMEC作成

2011年世界の天然ガス生産量：124Tcf
2013年初世界の（在来型）推定確認残存埋蔵量：6,839Tcf

する北米には、多くの回収可能なシェールガスが存在している

単位：Tcf

北米	1,783
南米	1,430
欧州・ロシア	885
中東・アフリカ	1,393
アジア・大洋州	1,808
合計	7,299

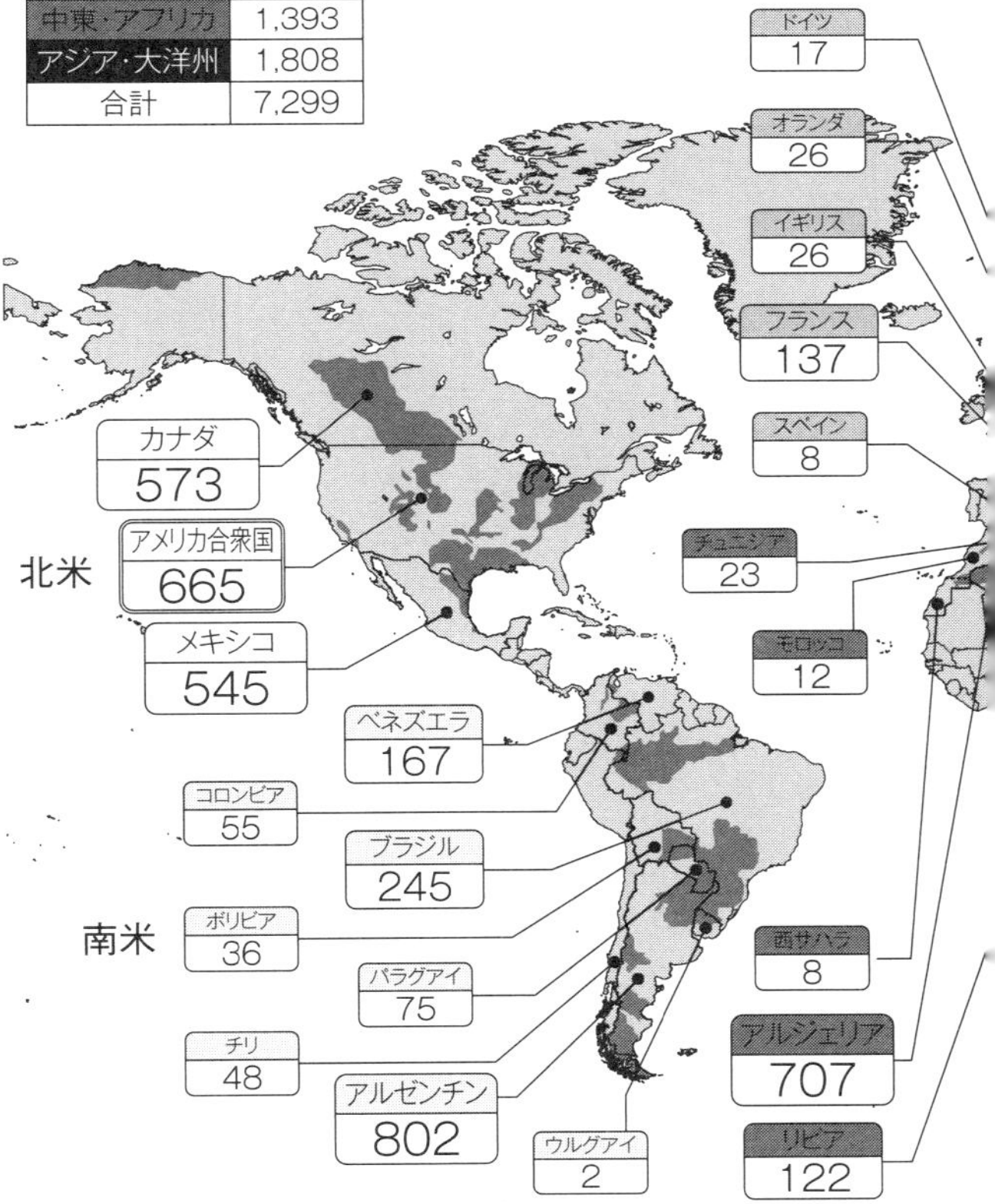

図 2-6　各国におけるシェールガスの技術的回収可能量　アメリカを始めと
（参考）伊原賢「世界のシェールガス・オイルの資源量評価を考察する」

第3章　新興国——世界を揺さぶる成長力

◆新興国の経済規模が先進国に追いついた

二〇一四年四月。ひとつのニュースが、世界中を驚かせました。同年の国内総生産（GDP）で、中国がアメリカを追い抜くことになると、世界銀行が発表したのです。

ただしこれは、さまざまな商品やサービスの価格などを考慮した「購買力平価（PPP）」に換算しての数字。ドルに単純換算した同年の「名目上」のGDPを見ると、中国はアメリカの六割くらいです。またPPPに対しては、算出する際に指標として用いる商品やサービスの種類や価格が変わると、計算結果が変わってしまう。各国間で価格がそれ程変わらない、各種兵器や国際的な貨物輸送料金といったモノやサービスの価格・料金表示には不適当、などの短所を指摘する声もあります。

しかしそれにしても、二〇一四年のPPP換算のGDPは、アメリカ、日本、ドイツ、フランス、イギリス、イタリアの先進主要六か国の合計で、世界のGDPの約三二・九パーセント。一方、新興国である中国、インド、ロシア、ブラジル、インドネシア、メキシコの六か国合計は、世界の約三二・三パーセント。ほぼ同じ規模となったことで、多くの人々が国際環境の変化を実感したのです。

本章では、このように近年、経済成長と国際的地位の伸張が著しい新興国について見ていきましょう。

◆中国の成長と「中進国の罠」

最初は中国です。中国の成長は、最高指導者であった鄧小平《とうしょうへい》氏が、一九七八年に「改革開放路線」を打ち出したことで、始まりました。それまでの中国では、国家が経済活動全体をコントロールし、個人や企業の私有財産は認められていませんでした。改革開放は、この状況を変えたのです。

そこでは、農民たちが、国家に納める量以上の作物を作った場合、それらを自由に売ってよいとする「生産責任制」の開始。外国企業などの進出を容易にする「経済特区」「経済技術開発区」の設置など、それまでの体制では考えられなかった政策が次々に認められるようになったのです。その効果は程なく明らかになり、経済は成長を始めます。この成功をきっかけに、経済の自由化が進んでいきました。

その中国経済に近年、転機が訪れています。これまでは、外資も含めた製造業やサービス産業などが、低賃金の労働者を多数雇用し、安い商品・サービスを生産・販売、さらには輸出することで巨額の利益や外貨を得ることができました。しかし、中国における労働者の賃金は上昇を続けていて、周辺の東南アジア各国などと比べて高くなりつつあります。

ある国で経済発展が続くと、ひとり当たりのGDPが増え、それにつれて労働者の賃金や物価なども上がっていきます。中国のひとり当たり国民総所得（GNI）は、二〇一二年の数字で六〇〇〇ドル（約六〇万円）弱。すでに、世界銀行が「中進国」と呼ぶ一〇〇〇ドル以上の範疇《はんちゅう》に入っています。

中進国となった国では、人件費などのコストが高くなるため、生み出される商品やサービスの価格競争力が、発展途上国の安い輸入品よりも弱くなりがちです。それによって、人件費のより安い周辺国に、製造拠点を移してしまう外資系企業なども出てきます。実際、中国ではすでに、こうした現象が起きています。このような状況の中で成長が鈍化してしまう現象は多くの国のケースで見られ、経済学で「中進国の罠《わな》」と呼ばれています。

ただし中国には、輸出市場とは別に、巨大な国内市場もあります。たとえば二〇一〇年の数字で、世帯所得五〇〇〇ドル（約五〇万円）以上の中間層が六億人以上いる、とされています。そのため、中国の潜在力は大きく、経済成長はまだ続くだろう、とする見方もあります。

とはいえ中国が、輸出によって発展を続けようとするならば、中進国の罠に陥らないことが重要です。そのためには、先進国のように、魅力的な新機能や使い勝手の良さ、斬新《ざんしん》なデザイン、あるいはそれらから生まれるブランド価値など、多くの付加価値のついた、高価でも買ってもらえる信頼性の高い商品やサービス、システムを開発していく必要があることも確かでしょう。

中国はまさに今、この問題との格闘を強《し》いられているのです。

◆貿易、援助、経済進出

もちろん中国の指導者たちも、そうした課題を熟知しています。

このため彼らは、よりマクロな側面から、自国の経済的・政治的立場を一層強固なものとすべく、周辺各国との間できわめて戦略的な交渉を続けています。

たとえば、中国製品を輸出する際に輸入国側の関税を引き下げたり、中国企業が相手国内で投資をしやすくしたりする、といった交易・投資活動などの円滑化を図るための、自由貿

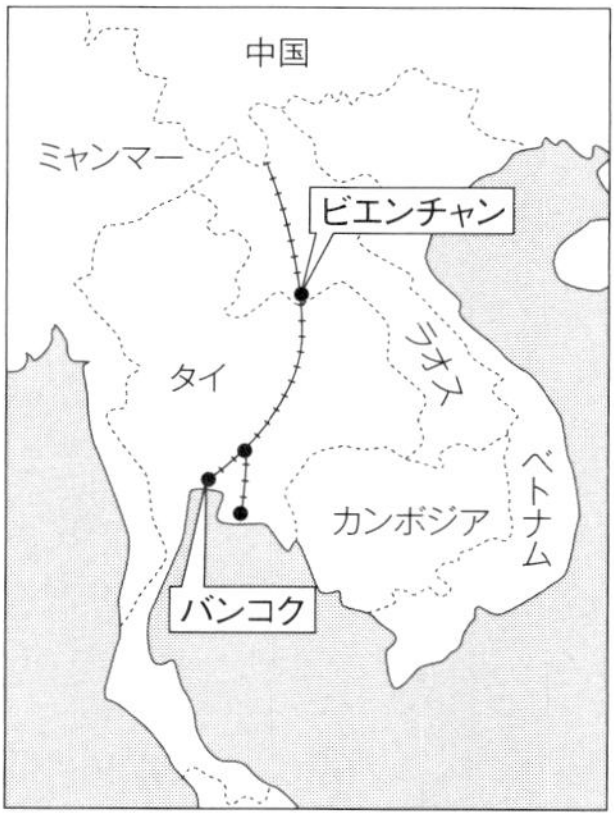

図3-1　中国がASEAN域内で支援する鉄道計画　タイ、ラオスを経由し、中国国内に通じる鉄道網の建設は、中国にとって、東シナ海などの有事の際にも物資を輸入できるメリットがある
（参考）日本経済新聞2014年12月21日付朝刊

易協定（ＦＴＡ）交渉が近年、加速し始めています。従来は、経済規模の比較的小さい周辺国・地域が対象であったＦＴＡを拡大し、二〇一四年一一月には韓国、オーストラリアとの間で、矢継ぎ早にＦＴＡを妥結しています。これによって、中国製品の輸出や投資の増加が期待されています。ちなみに中国のＦＴＡ交渉は、日本との間でも断続的に続いています。

それだけではありません。中国政府は、周辺諸国に援助を実施することで、その国との政治的・経済的むすびつきを強めるという戦略も、積極的に取っています。たとえば二〇一四年二月に中国は、タイを縦断する大鉄道網の整備に協力することで、ＡＳＥＡＮ地域の一層の経済活性化をはかる、と発表しています（図３－１）。

また、中国政府がさまざまな途上国に経済援助を行うのと同時に、現地には多数の中国企

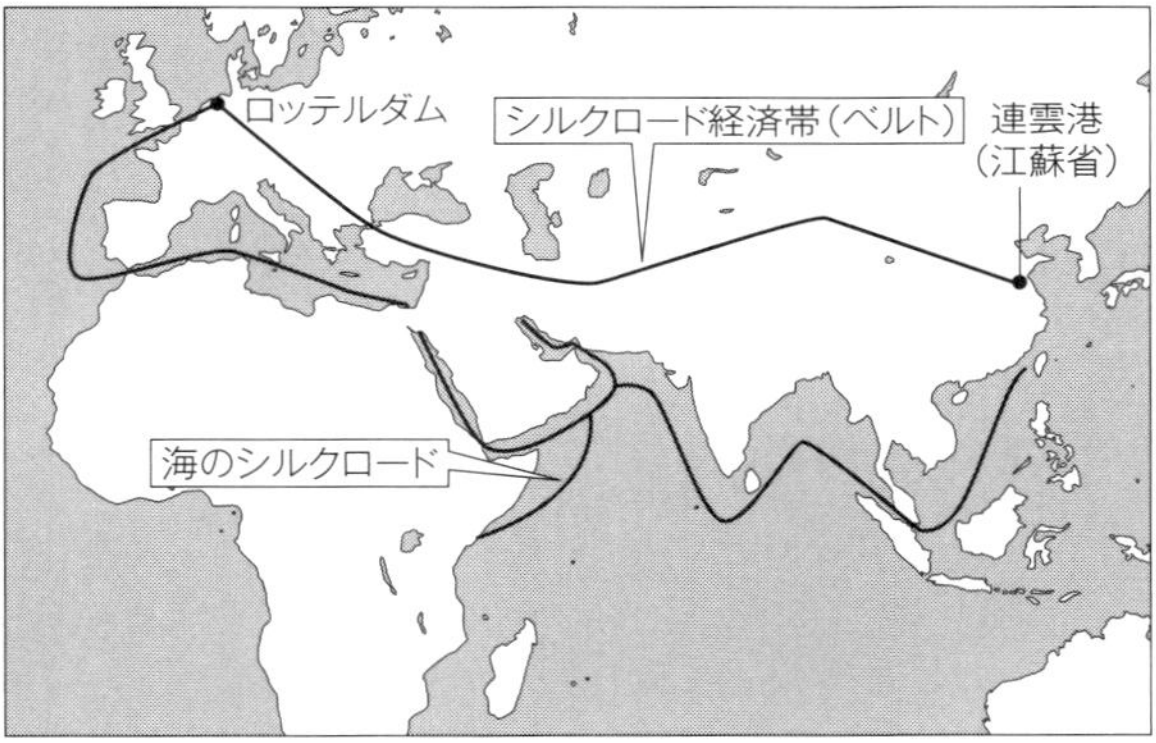

図3-2　中国の「一帯一路」構想　中央アジア、中東を通って欧州に抜ける「シルクロード経済帯（ベルト）」と、東南アジアや中東周辺海域を経由し、地中海、大西洋へと続く「海のシルクロード」の2つがある。中国からオランダ・ロッテルダムまでの広大な地域をひとつの経済圏にしようとする壮大な構想だ　（参考）日本経済新聞2015年3月9日付朝刊

業や中国人労働者が進出し、中国との間での貿易額も急増しています。

たとえば中国とアフリカ諸国との貿易額は、二〇〇〇年の時点で約一〇〇億ドル（約一兆円）でしたが、〇八年にはその一〇倍の一〇〇〇億ドル（約一〇兆円）を突破しています。そして、アフリカ全土に住む中国人は、五〇万人程という中国側の推定もありますが、その数倍とするアフリカの新聞報道も見られます。

また中国の、援助をともなう途上国への経済進出という事例は、世界各地で見られます。これに対しては、腐敗し、援助の多くが着服されるような政府にも資金援助をしている。援助した資金で、実際に道路などのインフラ整備をするのは、中国企業に雇われた中国人労働者であり、援助資金は中国に戻っていくだけだ、などという批判の声も、欧米の政府や援助関係者などから出ています。

中国政府は、さらなる世界戦略も打ち出しています。「二つのシルクロード」構想、「一帯一路」構想と呼ばれる国際戦略です（図3-2）。

これは、中国を起点にして、中央アジアや中東を経由し、最大の貿易相手である欧州連合（EU）各国に至る、陸域の一大経済圏を作り出そうという「シルクロード経済帯（ベルト）」。中国から、東南アジア、インド洋を経由して、ペルシャ湾、アフリカ東部、地中海までつながる「海のシルクロード」。この二つの壮大な構想の総称です。

当該地域一帯において、道路や港湾を整備し、貿易を拡大させ、人民元の流通を広げていくとともに、安全保障などの面でも協力を深めていく。そのために中国は、自国が拠出する四〇〇億元（約四兆八〇〇〇億円）の「シルクロード基金」。中国が多くの資金を負担し、五七か国の創設メンバー国で設立する「アジアインフラ投資銀行（AIIB）」（図3-3）。これら二つの資金などを活用して、一帯一路構想を進めていこうとしているのです。まさに、この地域の中核国としての役割を担おうとしている中国の姿が、そこから見えてきます。

ADB と AIIB の参加国・地域

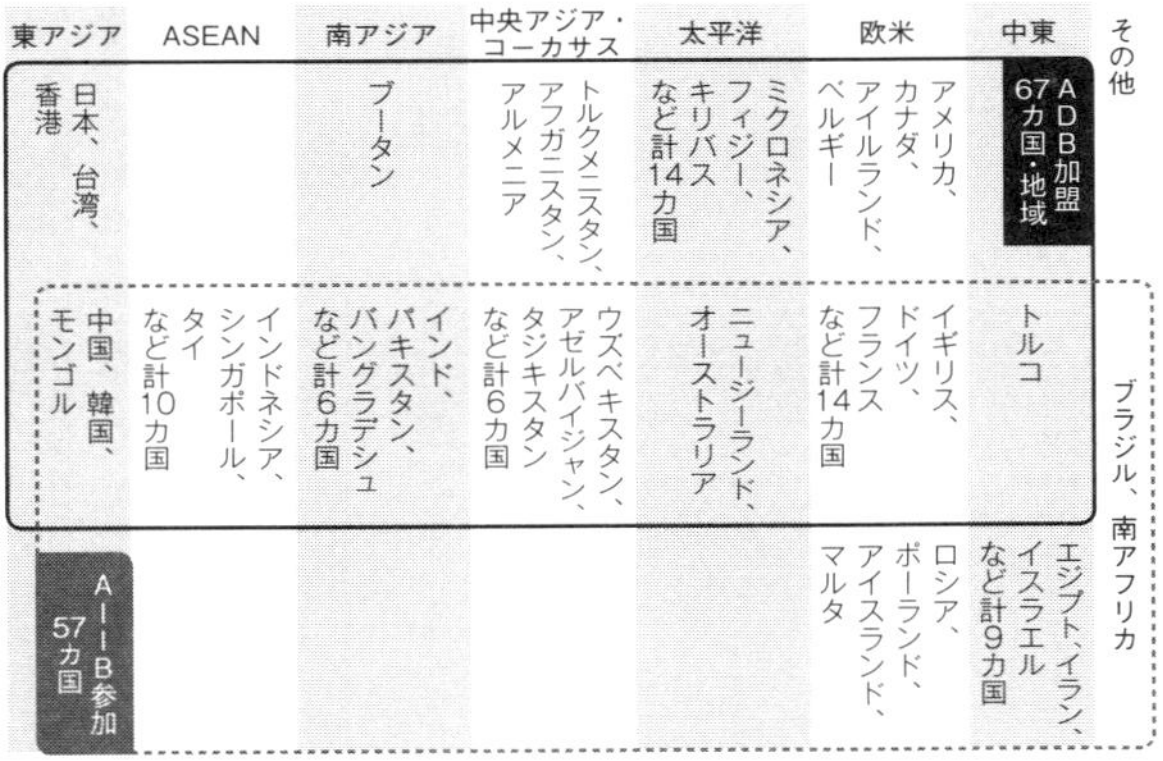

ADB と AIIB

	アジア開発銀行(ADB)	アジアインフラ投資銀行(AIIB)
設立	1966 年	2015 年末予定
設立目的	途上国の経済開発、貧困削減、人的開発などの支援	途上国のインフラ開発の支援
本部	マニラ	北京
資本金	1530 億ドル	1000 億ドル
上位出資国(出資比率)	日本(15.7%)、米国(15.6%)、中国(6.5%)、インド(6.4%)	中国(約 30% 出資?)

図 3-3　アジアインフラ投資銀行（AIIB）の規模　2015 年末に設立予定の AIIB は、1966 年に発足した老舗のアジア開発銀行（ADB）に迫る勢いを見せている　（参考）朝日新聞 2015 年 5 月 4 日付朝刊

またこの構想と並行して、周辺各国・地域を対象に、人民元で貿易決済を行う範囲を広げる試みも始めています。従来、貿易の決済通貨としては米ドルが圧倒的な割合を占めてきました。そうした状況の中で、決済通貨としての人民元の地位を、少しずつ高めていこうとする動きが見られるようになったのです。現時点では、その試みも小さな規模にとどまっていますが、今後も動向を注視していく必要があります。

◆軍事的要素の強い「上海協力機構」

「一帯一路」構想は、経済関係の深化を核とする複合的な戦略です。その一方で中国は、より安全保障面を重視した周辺国との協力体制の整備にも余念がありません。

それが、「上海《シャンハイ》協力機構」と呼ばれる集団安全保障のための政府間組織です。ただしこれは、中国とロシアを中核とする組織であり、中央アジア地域の安定と各国間の関係をより緊密にすべく設立されたものです。中国が唯一の盟主となって、地域の覇権を手にするための組織というわけではありません。

一九九六年の「上海協定」と呼ばれる条約の締結を経て、現在は、中国とロシア、カザフスタン、タジキスタン、キルギス、ウズベキスタンの六か国が加盟国となっています。さら

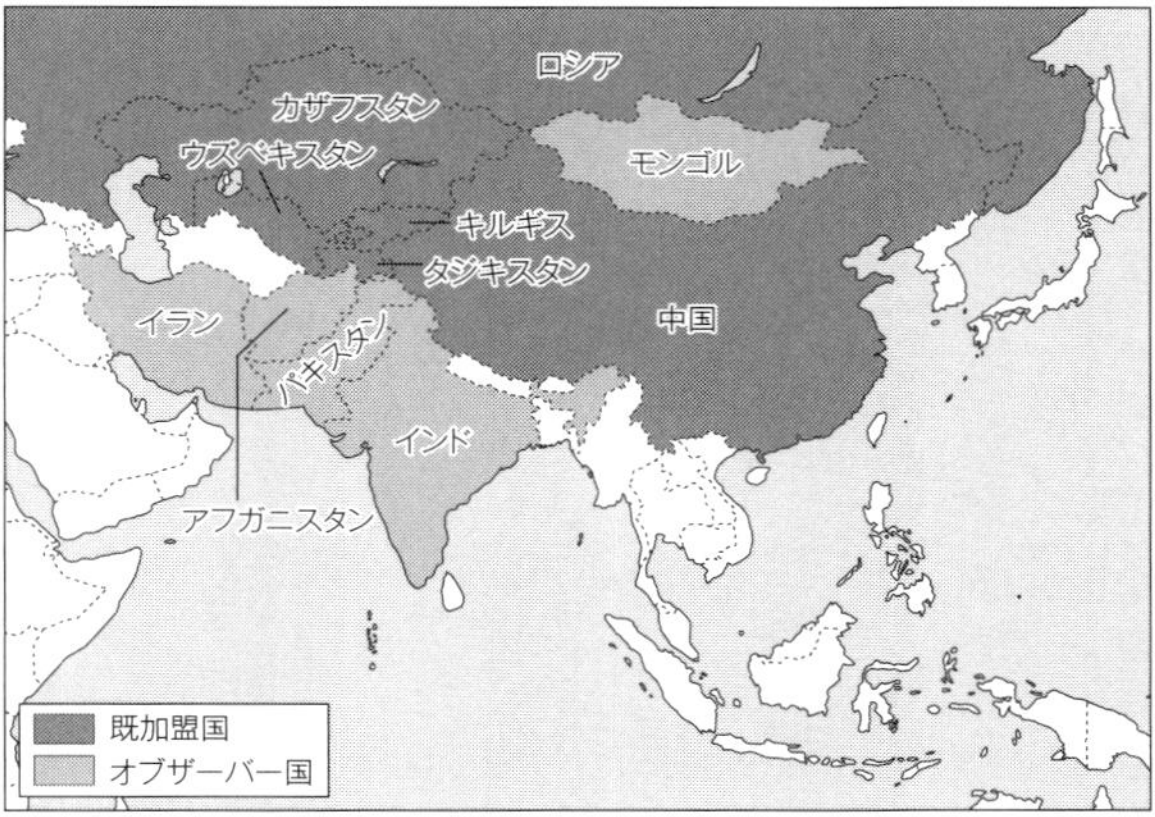

図3-4　上海条約機構の加盟国とオブザーバー国　中国とロシアを中心に、中央アジア各国などが参加している

に、インド、パキスタン、イラン、モンゴル、アフガニスタンなども、オブザーバーとして参加しています（図3-4）。

二〇〇七年八月には、「平和の使命二〇〇七」と呼ばれる、約六〇〇〇人の兵員、約一〇〇〇両の装甲車、多数の軍用機を動員した大規模軍事演習を行うなど、この組織がきわめて軍事的要素の強いものであることが明らかになっています。

その一方でこの組織は、オブザーバーとはいえ、欧米との関係も良好なインドなどが参加しているように、必ずしも反欧米的な立場の組織と言い切ることはできません。

また、上海協力機構でのリーダーシップや、旧ソ連のカザフスタン、タジキスタン、キルギス、ウズベキスタンなどへの影響力をめぐって、水面下で中ロ間の主導権争いが生じている、とする見方もあります。

しかしそれでも、中国は、自国に隣接する中央アジアの政治的安定と影響力の拡大を実現しようと、この分野でも注力し続けていることは確かなのです。

◆中国のこれから

では中国は、今後も経済規模、国際的な影響力を増大し続けるのでしょうか。

少なくとも短期的、中期的には成長が続いていくはずです。発展のためのさまざまな戦略を立案し、実行する指導者たちの能力、豊かさを追い求める人々の強い意志などを見れば、成長率が鈍化することはあっても、この国の発展が止まることは考えにくいのも事実です。

しかし中国にも、いくつかの弱みがあります。

たとえばそれは、高齢化の急速な進展です。六五歳以上の高齢者人口の割合（高齢化率）を見てみましょう（図３‐５）。二〇〇五年の時点で、中国の高齢化率は七・五パーセント。これは、日本の二〇・二パーセント、アメリカの一二・三パーセント、ＥＵ平均の一六・八パーセントより低く、インドの五・二パーセントをやや上回る水準です。

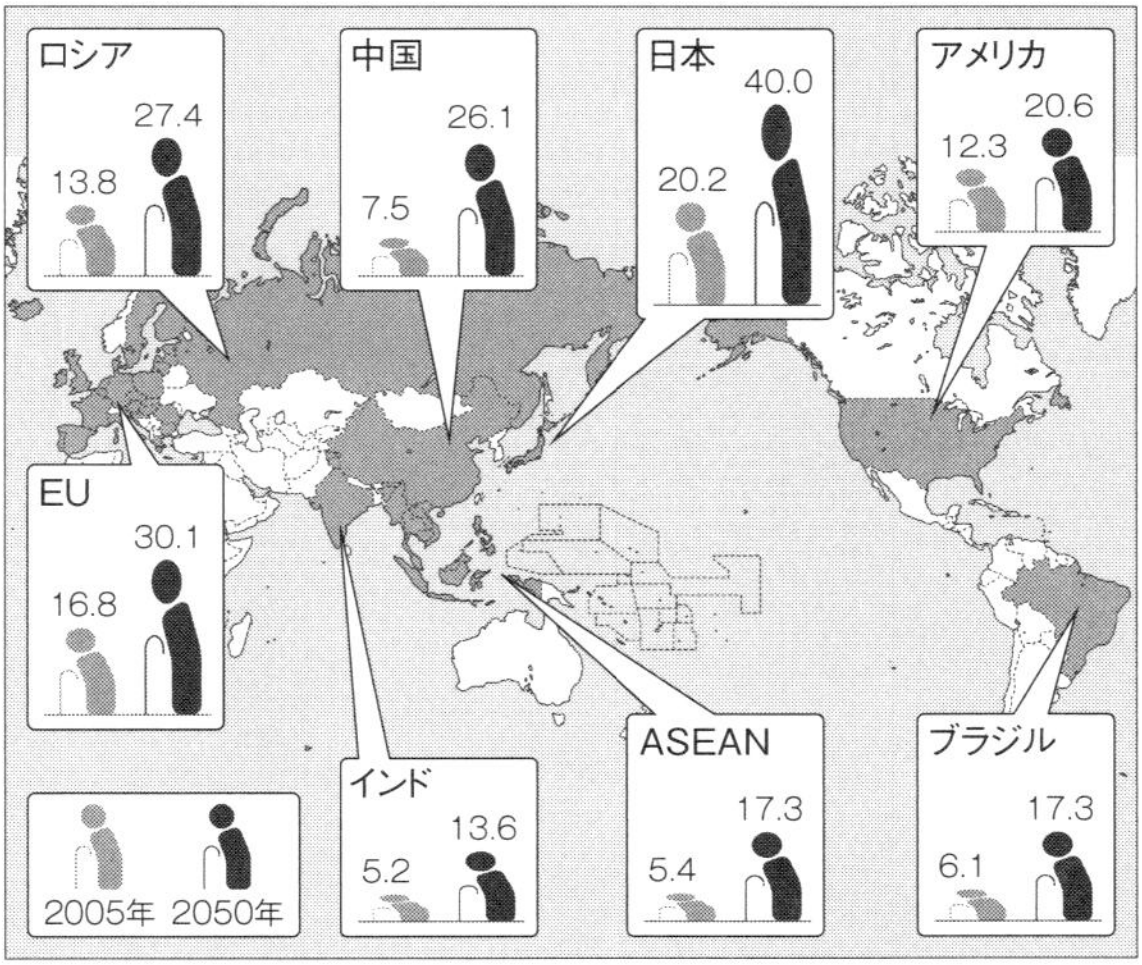

図 3-5　2005 年と 2050 年における各国・地域の高齢化率（単位：パーセント） 2005 年の段階では 1 割に満たない中国の高齢化率（65 歳以上人口）も、2050 年には EU やロシアに近い水準となる（参考）『超長期予測 老いるアジア』

しかし今後は、その状況が変化します。中国では長年、人口増加を抑えるべく「一人っ子政策」を取ってきたため、高齢者人口が急速に増えていくことになるのです。

二〇五〇年の時点で、中国の高齢化率は二六・一パーセント。日本の四〇・〇パーセントと比べるとまだ低い数字ですが、先進国の中でも出生率が高く、若い移民も多いアメリカの二〇・六パーセントを上回る水準となります。

こうした状況を憂慮した中国政府は、近年、一人っ子政策の見直しを相次いで実行に移しています。

しかし、子育ての負担をしたくないと考える若者も多く、出生率は大きく増えないだろう、とする報道もなされています。さらに、実際の出生率は、政府の発表よりも低く、高齢化は従来の予測よりも速く進んでいくはずだ、と述べる研究者もいます。また、すでに一五〜六四歳の「生産年齢人口」の減少は始まっています。

中国は、生産年齢人口が減り、高齢者が急速に増えていく状況の中で、早急に中進国の罠を抜け出し、年金制度や医療保険制度などを整備するという、待ったなしの課題を背負っているのです。

さらに中国には、非効率な国営企業の多さ、官僚などの汚職の蔓延《まんえん》、国内の深刻な経済格差、さらには少数民族問題など、対処を迫られている多くの難題があります。こうした問題への対応を間違えれば、中国の発展は阻害される可能性もあります。そうなれば、日本や世界各国も多大な影響を被ることになるでしょう。私たちにとっても、対岸の火事というわけにはいかないのです。

◆成長著しいインド

もうひとつの新興大国、インドの話に移りましょう。

インドでも近年、急速な経済発展が続いています。

従来のインドでは、担当官僚たちが民間事業の細部にまで口をはさむ、非効率な「許認可統治」が続いていました。しかし一九九〇年代以降、この状況を変えるべく改革が実施されます。同時期に、関税を大幅に引き下げるとともに、インドの株式市場を外国人投資家に広く開放してもいます。こうした状況下で、二〇〇〇年代に入ると、インドの発展を期待する欧米諸国から多額の資金が流入し、インド経済は一気に活気づいたのです。

その結果、インドのGDPは、二〇〇三年から一二年までの一〇年間に約二・一倍に増大します。これは、年率平均に直すと約七・七パーセント。二〇一二年の数字で、インドのGDPは約一兆八七五二億ドル（約一八八兆円）と、日本の約五兆九六〇二億ドル（約五九六兆円）の約三分の一弱にまで増えています。さらに、先程紹介したPPP換算のGDPでは、二〇一一年の段階で日本を追い越し、世界第三位となっています。

インドでは、南部のバンガロールなどを中心に、情報技術（IT）産業も盛んです（図3-6）。二〇二〇年には、バンガロールだけで、シリコンバレーをしのぐ二〇〇万人のIT技術者を雇用することになる、という予測も出ています。めざましい成長ぶりです。

さらにこの国は、中国とは異なり、人口が今後も増え続けていきます。国連人口部の推計

図3-6　インドのIT関連市場の拡大　インドでは、南部のバンガロール、中南部のハイデラバードなどにIT関連産業が集積し、ITサービス市場も急速に拡大している

（中位推計）によると、二〇二五～三〇年の間に、インドの人口は中国を追い抜くといいます。中国の実際の出生率はこの推計の前提となった数字より低い、とする研究者もいますから、人口逆転の時期はさらに早まるかもしれません。対するインドは今後も、経済成長を後押しする、巨大市場と豊富な若年労働力を持ち続けることになるのです。

◆インドの課題

とはいえインドでも、将来の発展への課題や障害が山積みです。

たとえば、民間経済の活力を削ぐ非効率で巨大な政府部門の存在。そこでは往々にして、賄賂《わいろ》や汚職もはびこっています。さらに親族や仲間内だけで、企業やその関連事業、あるいは政治・行政上の要職を支配する縁故資本主義。人々の社会的地位の固定化と、それによる底辺から上昇できる可能性の低さ、などの問題も深刻です。

また、国民全体の教育水準の低さも指摘されています。ユネスコが発表した数字によれば、インドの一五～二四歳の若者の識字率は、二〇〇五～一〇年の数字で、男子八八パーセント、女子七四パーセント。これは、男女とも一〇〇パーセントに近い先進各国や中国などと比べて、かなり低い水準です。さらに、児童が学校に通う「平均就学年数」は、二〇一〇年の数字で日本が一一・五九年、中国が八・一一年であるのに対して、インドでは五・一〇年に過ぎません。中高年層の教育水準は、さらに低いとされています。

インドには、最先端のIT産業などに従事する多くの英才たちがいる一方で、最低限の教育すら満足に受けていない膨大な数の国民が存在するのです。

さらに言えば、ITなど次世代産業の多くは、「知識集約型」であり、専門の知識・技能を持つ人材を必要とはするものの、多くの労働力を雇用する「労働集約型」産業ではありません。そのためインドでは、たとえば繊維産業やアパレル産業、食品加工、金属加工といった従来の労働集約型産業を、今後さらに発展させ、増え続ける労働力を吸収していかなければならないのです。これは、インドにとってきわめて重要な課題だとされています。

◆中国との関係も懸念材料

インドには他にも、安全保障上の問題があります。たとえばそれは中国との関係です。両国の間には、国境問題が存在しています。一つは、中国のチベット自治区と接するアルナチャル・プラデシュ州の帰属。もう一つは、カシミール地方の北東部にあるアクサイチン地区の帰属、をめぐる対立です。

現在、前者はインドが、後者は中国が実効支配しています。両国間では、一九六二年に国境をめぐる紛争が起き、そのときはインド軍が大敗しています。近年でも、二〇一四年九月に、カシミール地方の境界線付近で、小規模な軍事衝突が発生しました。

さらに、先程紹介した中国の「海のシルクロード」構想も、インドには脅威となっています。中国は、同構想の中でも、中国南部から中東・アフリカに至る地域を、自国の安全保障上きわめて重要視しています。そのため、沿岸各国に経済的・軍事的な支援をするとともに、中国軍が利用可能な軍事基地・港湾などを、次々に建設しようとしているのです。さらに中国は、この海域に多数の潜水艦を配備するなど、戦力の増強にも余念がありません。こうした動きは、別名で「真珠の首飾り戦略」とも呼ばれていて、インドに、自国が包囲される恐怖感を与えています（図3-7）。

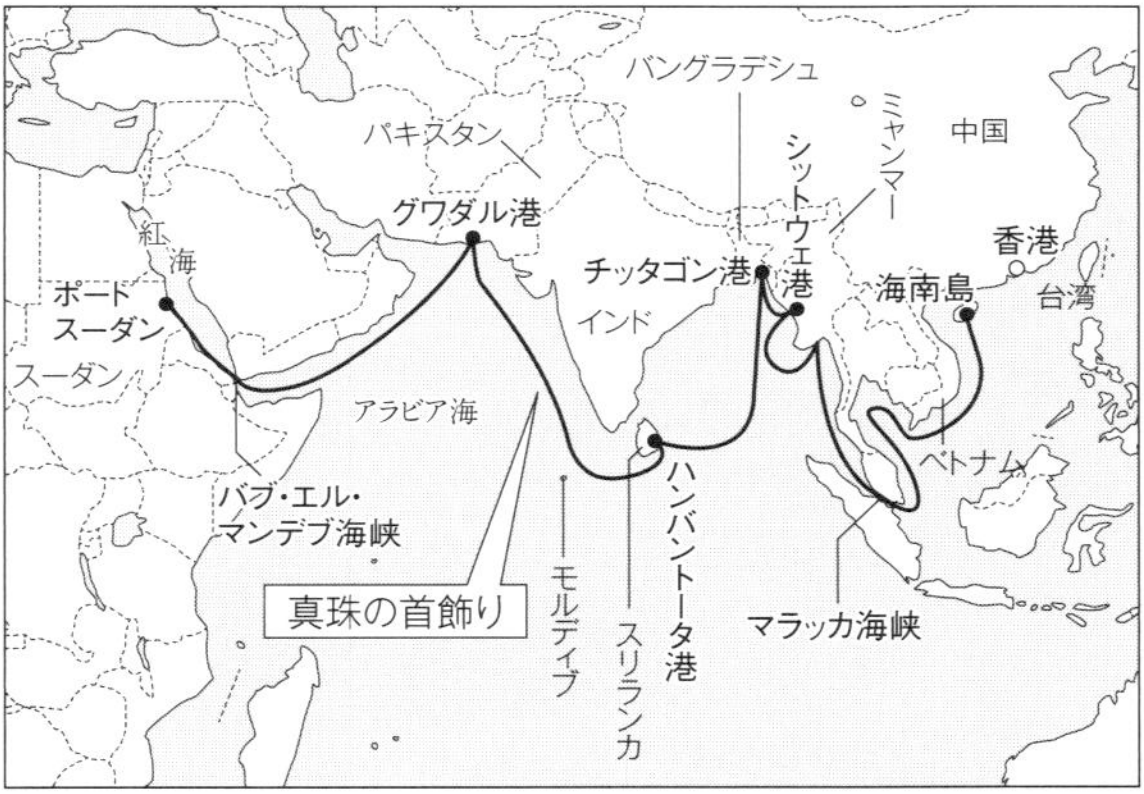

図 3-7　中国の「真珠の首飾り戦略」　前述した「海のシルクロード」の一環で、とくに外交・軍事的な要素が強い。中国はそこで、パキスタンやミャンマー、バングラデシュ、スリランカなど自国のシーレーンの要衝に、港湾基地や海軍基地を確保するとともに、周辺海域に多くの潜水艦などを配備し、この地域での影響力を強化しようとしている。インドにとっては、自国が包囲される危機感にもつながる動きだ　（参考）『東アジア動乱』

そのためインドも、最新鋭の兵器を多数購入するなど、対抗措置を取っています。しかし、インド洋周辺における中国の存在感が、日増しに大きくなってきていることは確かです。

インドの近隣諸国との国際関係では、核兵器の保有国である隣国パキスタンとの、長年にわたる確執も見逃せません。さらに、パキスタンと中国は近年、多くの分野での協力関係を強めており、この点もインドにとっての懸念材料となっています。

◆求心力の低下に悩むロシア

ロシアも、巨大な新興国です。第1章でも触れたように、一九九一年のソ連崩壊とその後の混乱を経て、二〇〇〇年にプーチン政権が発足した前後から、経済が急速に上向き始めます。ロシアの主要輸出品である石油などのエネルギー価格が上がったことや、経済の効率化を推進し、自国の経済的資源をエネルギー開発・輸出に集中させたこと、などがその理由とされています。二〇一二年の段階で、ロシアのGDPは世界第八位の約二兆二九八億ドル（約二〇三兆円）となっています。

プーチン政権は、そこから得た資金を、さらなる油田やガス田の開発、軍の近代化、国民の社会保障費の拡充などに充てました。これによって、彼への支持は絶大なものとなります。政権二期目終了後の二〇〇八〜一二年には、ドミトリー・メドベージェフ氏を後継大統領として擁しつつも、実質的な権力の多くを保持していました。そして、メドベージェフ政権の第一期目が終わった一二年、プーチン氏は再び大統領の座に返り咲いたのです。

とはいえ近年、ロシアには課題が山積しています。国際関係における最大の問題は、求心力の低下です。ソ連崩壊後、かつて影響下に置いていた東欧諸国は、多くがすでに欧州連合（EU）に加盟。残ったセルビアなども現在、加盟に向けた交渉を続けています。集団安全保障の枠組みである「北大西洋条約機構（NATO）」にも、東欧諸国のほとんどが加盟しています。この地域の国々は、多くが欧米の勢力範囲に入ることを選択したのです。

旧ソ連構成国とロシアとの関係は、より複雑です。まずベラルーシなど、歴史的にロシアとつながりの強い国。あるいはカザフスタンなど中央アジア諸国。これらの国々は概《おおむ》ね、ロシアとの関係を重視しています。特にベラルーシとカザフスタン、アルメニア、キルギスは、ロシアとの域内経済統合を進める「ユーラシア経済同盟」を構成しています（図3-8）。

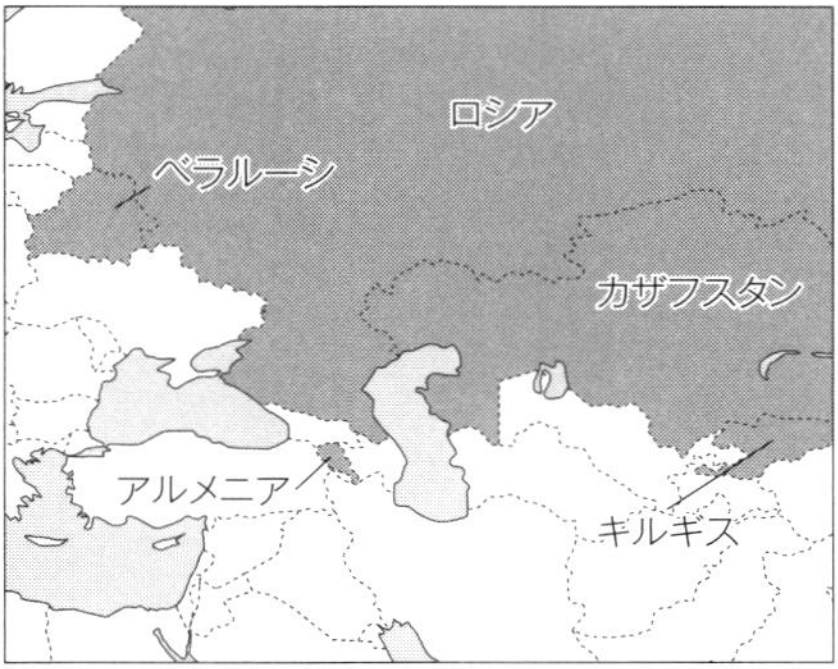

図3-8　ユーラシア経済同盟　カザフスタン、ベラルーシ、アルメニア、キルギスという、ある意味でもっとも緊密な国々とロシアが結ぶ経済協定。域内の経済統合を目指しているが、ロシアの経済状況など課題も多いといわれている。ロシアに対する欧米の経済制裁の動向は、ユーラシア経済同盟の先行きにも大きく影響を与える

一方、エストニアとラトビア、リトアニアの「バルト三国」は、ソ連が崩壊した一九九一年一二月以前に独立を宣言。以後、西側諸国の一員としての立場を明確に表明しています。

◆ウクライナへの介入を生んだ不安と怒り

非常に微妙な問題を抱えているのが、ウクライナ、グルジア（ジョージア）とロシアとの関係です。両国は国内に、西側への帰属を望む住民と、ロシアに強い親近感を持つロシア系住民が、どちらも多数存在しています。これに対し、欧米諸国、ロシアともに、さまざまなレベルでの介入を行います。そのため両国内で、紛争事態が発生するようになったのです。

グルジアの場合、国内に南オセチア、アブハジアという、グルジア政府の統治があまり及ばない二つの地域を抱えていました。そこから二〇〇八年八月には、グルジア軍と南オセチア軍との間で軍事衝突が起きます。これに対して、ロシア軍はすかさず介入。グルジア軍は大きな損害を被りました。その後、ロシアが南オセチアとアブハジアの独立を一方的に承認すると、グルジアはロシアとの国交を断絶。その後、国同士の対話は再開されましたが、南オセチアとアブハジアに関しては、現状の固定化が進んでいます。

一方、グルジアは現在、欧州への統合を外交政策の柱としています。たとえば二〇一四年六月にはグルジア政府が、同じ旧ソ連のウクライナ、モルドバとともに、ＥＵとの間で、自由貿易協定（ＦＴＡ）を含む広範囲の協定に署名しています。

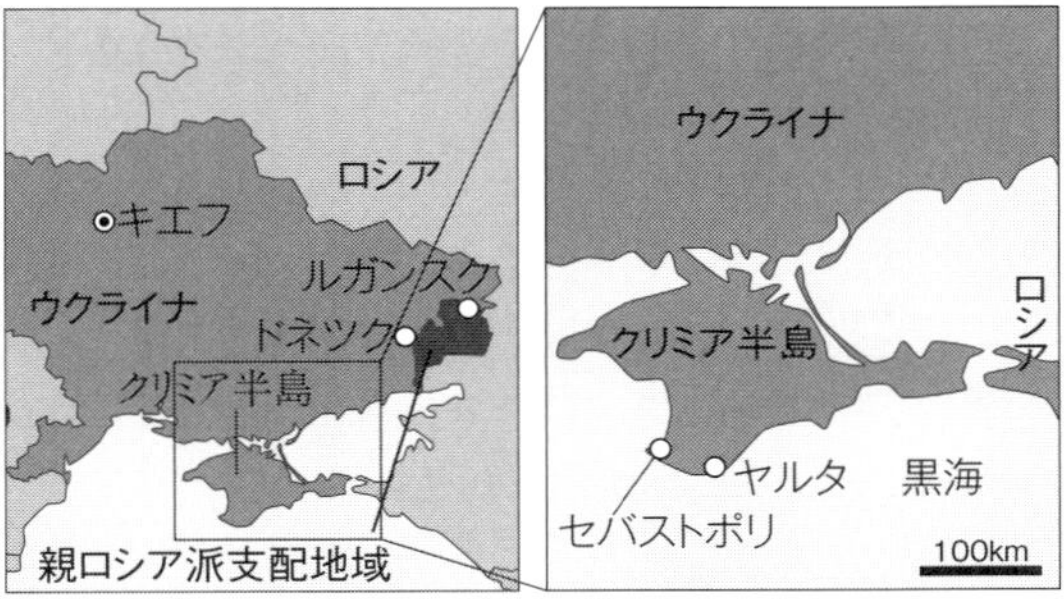

図3-9　ウクライナ国内の親ロシア派支配地域（2015年2月時点）とクリミア半島　クリミア半島は現在、ロシアの一部として固定化されつつあるが、ウクライナ東部の親ロシア派支配地域の帰趨《きすう》をめぐっては、今後も紛争が続く可能性がある（参考）日本経済新聞2014年11月7日付朝刊、朝日新聞2015年2月8日付朝刊

こうした欧州への統合路線は、ロシアの勢力圏の縮小を意味します。中でも歴史的に、ロシアの「兄弟国」として強固な絆《きずな》で結ばれてきたウクライナの姿勢は、ロシアに強い不安と怒りを呼び起こしました。そこから、ウクライナ軍と親ロシア派との間で激しい戦闘が発生したのです（図3−9）。

背景には古い歴史とさまざまな政治的要素がありますが、直接の発端の一つとなったのは、二〇一四年三月に実施された、ウクライナ南部にあるクリミア自治共和国での住民投票でした。そこでクリミアの、ウクライナからの独立とロシアへの編入が支持されたのです。投票結果を受けたロシアは、すぐに軍を派遣し、クリミア併合を実施しました。予想を遥《はる》かに上回る速さで事態が動いたことに、国際社会は驚きを隠せませんでした。

さらに翌月の四月に入ると、ウクライナ東部のドネツク州などでも、親ロシア派住民などの動きが活発化します。州政府の庁舎や空港などを占拠し始めたのです。ウクライナ政府軍は、これを排除するため、攻撃を行います。他方、ロシア側からは、特殊部隊の兵士などと見られる多数の戦闘員が闘いに参加するようになります。結果的に、ウクライナ軍は劣勢に立たされることが多くなったのです。

それに対し、欧米諸国などは二〇一四年七月以降、ロシアに対する経済制裁を強化します。ロシア経済は、これによってかなりの影響を被っている、と見られています。

二〇一五年二月には、事態を打開すべく、ドイツのメルケル首相、フランスのオランド大統領、ロシアのプーチン大統領、ウクライナのポロシェンコ大統領による四者会談が行われ、停戦での合意がなされました。

しかし、事態がそれですべて収まる可能性は低いでしょう。そこには、自国の勢力圏の縮小に対する、プーチン大統領に代表されるロシア全体の不安感があります（図3-10）。

図3-10を見るとわかるように、ロシアは国境を、西では拡大するEU諸国、東では成長著しい人口超大国・中国などと接しています。関係が緊密であるはずの旧ソ連の中央アジア

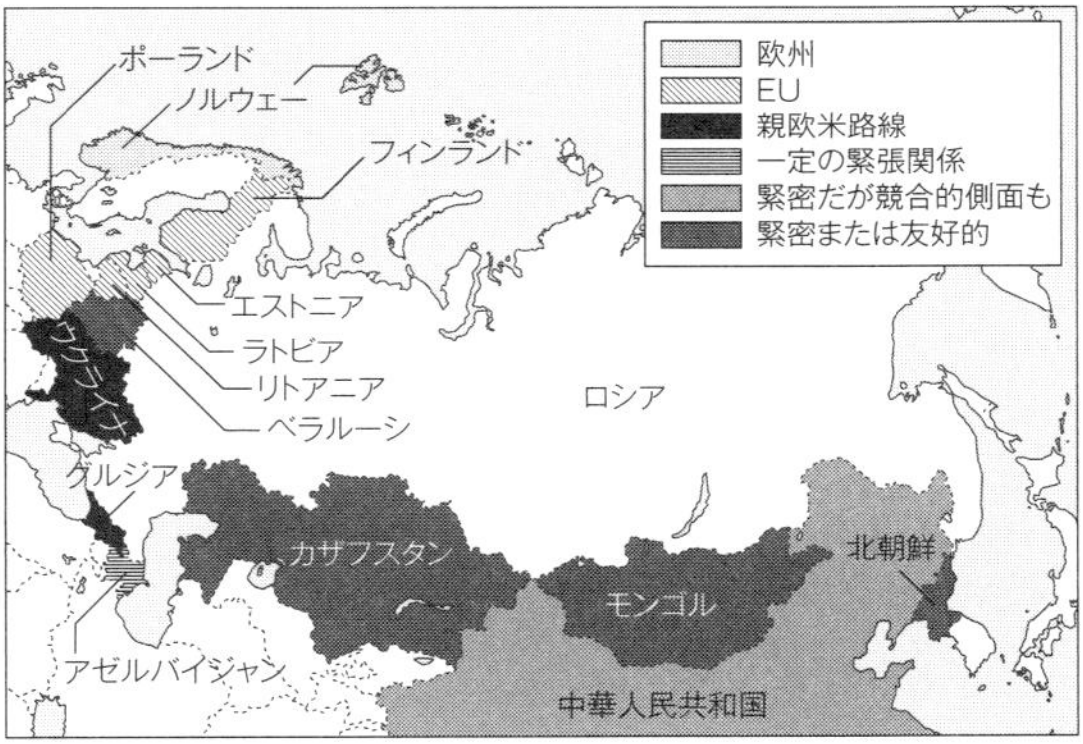

図3-10　ロシアと国境を接する国々　ロシアは、西側をEUなど欧州諸国と接し、南側の中国とは緊密だが競合的な要素を抱えている。広大なロシアも、中から見れば、外部からの圧迫感を感じる側面があることは否定できない

地域においても、中国との間で競合関係が生じています。広大なロシアも、内側から見ると、周囲から徐々に締め付けられている、とでもいえるような感覚を味わっているのです。

そのためプーチン政権は、国内の不安感に応える意味でも、ウクライナ問題での過剰な譲歩はできないでしょう。ウクライナ全土が西側に組み込まれないよう、東部ウクライナの問題を梃子《てこ》にして、今後もウクライナを揺さぶり続ける可能性があるのです。

短期的に見れば、ロシアは今後も、反米主義を掲げるさまざまな国などと密接な協力関係を築き、欧米各国に一定以上の混乱をもたらすことはできるでしょう。しかし、巨視的・中長期的に見れば、ロシアが、自国の勢力範囲を拡大するためにできることは限られています。西側諸国を武力によって攻撃することも、ロシアとは競合関係にもある中国の勢力拡大を食い止めることも難しいでしょう。

結論から言えば、ロシアは、欧米や日本なども含めた周辺各国と、協調的な関係を築いていくことこそが、唯一の繁栄の道であるように見えるのです。

◆ブラジルの未来は明るいか

南半球の新興国、ブラジルについても触れましょう。ブラジルも、二一世紀の大国として、その動向が注目されています。世界第五位の国土面積と人口を持ち、広大な国土の中には、世界一の輸出量を誇る鉄鉱石を始めとする天然資源も豊富です（図3－11）。さらに大豆や砂糖などの農産物も、大量に輸出しています。また鉄鋼関連産業や、自動車・航空機の製造産業といった工業も発達しています。二〇一二年時点でも、そのGDPは世界第七位の約二兆二五四一億ドル（約二二五兆円）ですが、二一世紀半ばまでには、日本やドイツ、フランス、イギリスなどを凌駕《りょうが》し、順位をさらに上げる可能性がある、と見られています。

またブラジルは、外交上の大きな難題があまりないことも、その未来を明るくしています。

ただし、この国にも課題はたくさんあります。たとえば、ブラジル政府は、公立病院の医療費の無料化、公立の場合の大学までの学費無料化、各種の貧困者対策などに注力しています。しかしこのため、国民の税負担率は二〇一二年前後の段階で、GDPの約三八パーセント。これは、新興国の中でもっとも高く、北欧やフランスなどの先進高福祉国家に迫る水準です。その一方で、道路などインフラ整備への政府の投資は遅れぎみです。また高い税率は、企業が、新たな技術を導入したり、人材の教育訓練を行ったりするための資金を奪う結果にもなっている、といいます。

ブラジルが、これから今世紀半ばに掛けて発展を続けていくことは、ほぼ間違いないでしょう。しかしそれを確実にするためには、政府の適切な政策こそが不可欠なのです。

図3-11　ブラジルの国土　世界第5位、日本の22倍以上に当たる約852万平方キロメートルの国土には、大量の鉄鉱石や原油が存在し、大豆や砂糖、パルプなどの生産も盛んである

◆拡大するASEAN

新興国とされている国は、他にも多々

ありますが、ここでは最後に、東アジア諸国連合（ＡＳＥＡＮ）と、その近年の動向について少しだけ見ていきましょう。

ＡＳＥＡＮは、一九六七年の発足以来、九九年にカンボジアが加盟して、一〇か国体制が完成するまでの三二年間、国際環境の激変の中で、少しずつ参加国を増やしていきました（図3‐12）。発足時には、インドネシア、マレーシア、タイ、フィリピン、シンガポールの五か国でしたが、八四年にブルネイを、九五年にベトナムを、九七年にラオスとミャンマーを、というように域内各国を次々に取り込んでいったのです。

二〇一三年の人口は、合計で六億二〇〇〇万人弱。これはＥＵ加盟二八か国の合計約五億人よりも多い数字です。域内のＧＤＰは、二〇一四年の予測値で、約二・五兆ドル（約二五〇兆円）。国家で言えば、アメリカ、中国、日本、ドイツ、フランス、イギリスに次ぐ規模に相当します。

ＡＳＥＡＮ発足においては、ベトナム戦争の影響を受けた東南アジア各国の政治的安定を目指すことが、その目的のひとつの柱だったため、当初の五か国体制が続いた期間の多くで、参加国は反共的な立場を取っていました。しかし、一九八〇年代末以降、東西冷戦が終結すると、アジアにおける国際関係にも変化が訪れます。

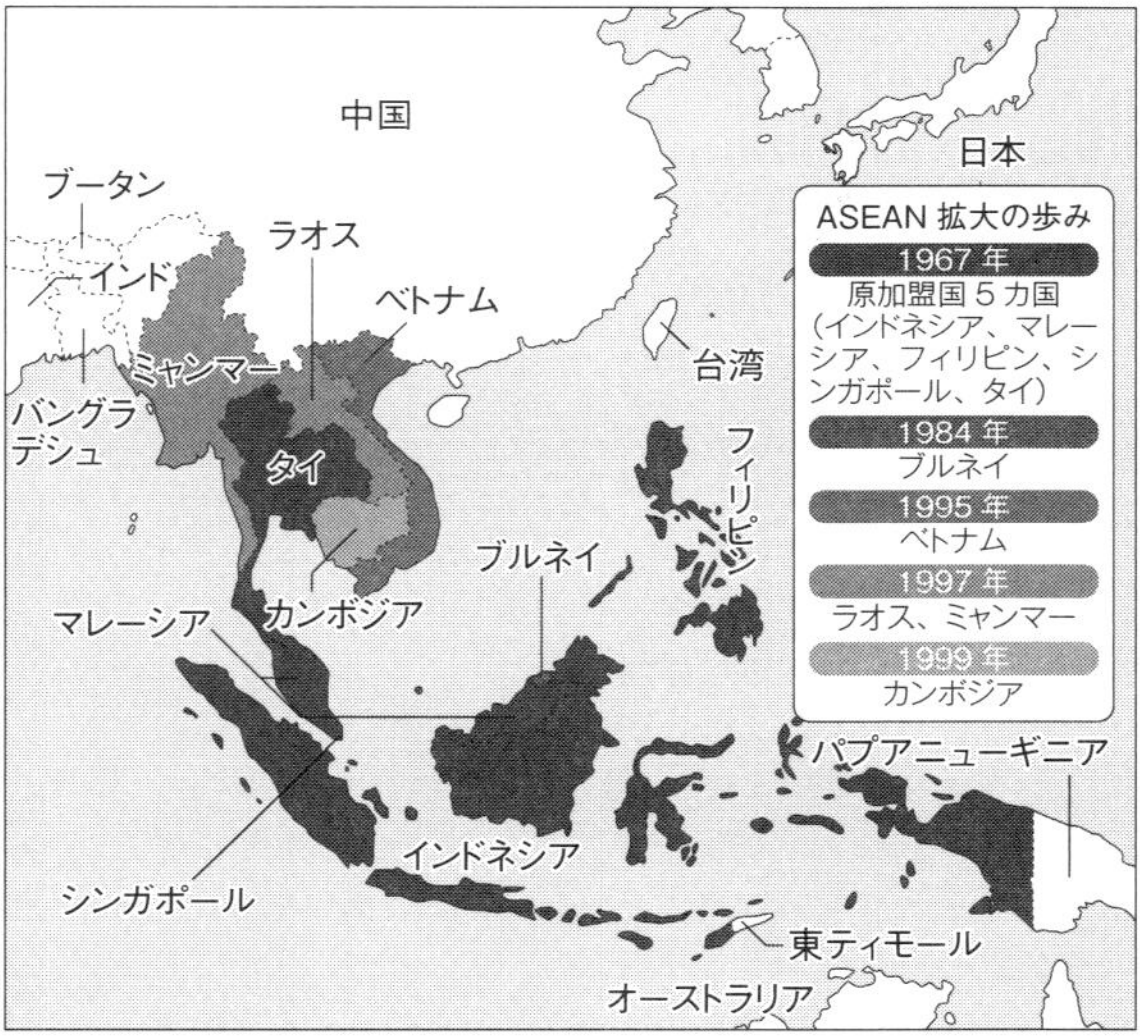

図 3-12　ASEAN の拡大　ASEAN は、5 か国による 1967 年の発足以来、30 年以上の時間を掛けて 10 か国体制に拡大した

その中で一九九五年には、共産党一党支配が続くベトナムのASEAN加盟というできごとが起きました。ASEANはそこで、イデオロギーや域外大国の意向に縛られない、一体性をともなった独自の「地域協力」の枠組みに変質したことを、世界にアピールしたのです。

◆域内統合が進む

ASEANには、政治体制や経済規模、発展段階などの異なる国々が加盟しています。

そのため、統合の動きは、おもに経済面から進んでいきました。

たとえば一九九二年には、当時の加盟六か国が自由貿易を推進するため、「ASEAN自由貿易地域（AFTA）」創設の協定を結びます。その結果、二〇一〇年までに、例外品を除き、域内の関税を撤廃することに成功しています。後に協定に加わったベトナムなど四か国も、関税撤廃を目指して、現在、協議や調整を続けています。

そうした状況の中で、ASEAN各国の経済は急成長しています。

たとえば二〇〇〇〜一二年の実質経済成長率は、年平均で、一・五パーセントのブルネイを除き、ミャンマー一〇・五パーセント、カンボジア七・六パーセント、ラオス七・一パーセント、ベトナム六・九パーセント、インドネシア五・三パーセント、シンガポール五・三パーセント、マレーシア四・七パーセント、フィリピン四・七パーセント、タイ四・三パーセントと、急速な経済発展が続いています。

好調な経済を背景に、域内統合を進めようという動きもさらに加速しています。

その中心となるのが、「ASEAN共同体」構想です。

具体的には、①政治・安全保障共同体、②経済共同体、③社会・文化共同体、の三つの柱があり、二〇一五年末までに、各共同体を創設することが目標とされています。さらにその後も、より一層の域内統合に向けた動きが進んでいきます。

その中でも注目されるのが「ASEAN経済共同体（AEC）」の設立です。これは①単一の市場と生産基地、②競争力のある経済地域、③公平な経済発展、④グローバル経済への統合、を進めていこうとする動きです。①は、関税撤廃など域内貿易の振興、サービス業における外国資本受け入れの拡大、熟練労働者の自由な移動の促進などが中心となっています。

それ以上のくわしい説明は省きますが、要するにASEAN経済共同体においては、域内でのモノやサービス、ヒトの移動などを拡大し、経済一体化を進めることで、より強い経済を作るとともに、域内の格差縮小にも注力する。さらに、世界経済の中で確固たる地位を占めるようになる。ASEAN各国は、そうした構想を描いているのです。

◆ASEANの抱える問題

ただしASEANには、難題があります。その一つが、加盟国の経済・社会状況の違いです。

ひとり当たりGDPを例に取ると、二〇一二年の数字で、最多がシンガポールの五万二一四一ドル（約五二一万四一〇〇円）で、最少がカンボジアの九四四ドル（約九万四四〇〇円）。そこには、五〇倍以上の格差が存在しています（図3－13左）。さらにGDPでは、同年の数字で、最大はインドネシアの約八七八〇億ドル（約八七兆八〇〇〇億円）、最小はラオスの約九一億ドル（約九一〇〇億円）と、一〇〇倍近くの差があります。

こうした格差は、道路や電力供給網などの産業インフラ、高等教育を受けた高度人材の数といった経済・社会状況の違いを反映しています。そこに近年、現れた現象が、ASEAN各国の好景気を反映した、労働者の賃金の急速な上昇です（図3-13右）。国によっては、中国に近い水準にまで、法定最低賃金が上がっているところもあります。

各国間の関税がゼロに近づく中で、人件費が似たような水準になれば、企業はよりよい生産条件を求めて、インフラが整い、高度人材の多い国へと移転する可能性が高まります。

今後、域内の輸入関税が撤廃されれば、ベトナム国内などで操業していた自動車工場が、現地生産をやめ、生産基盤の整ったタイからの輸出に切り替えるようなことも起こり得ます。

もう一つの難題は、勢力を拡大しつつある中国との関係です。

近年、中国は、ASEAN各国との貿易を増大させるだけでなく、本章の初めの方で紹介したように、ASEAN域内の鉄道建設を支援するなど、鉄道・道路網の整備も推《お》し進めています。これは、中国とASEAN諸国の貿易をより一層活発にするだけでなく、中東などから船で運んだ物資を、南シナ海やインド洋に面した港湾で陸揚げし、陸路で中国国内に運

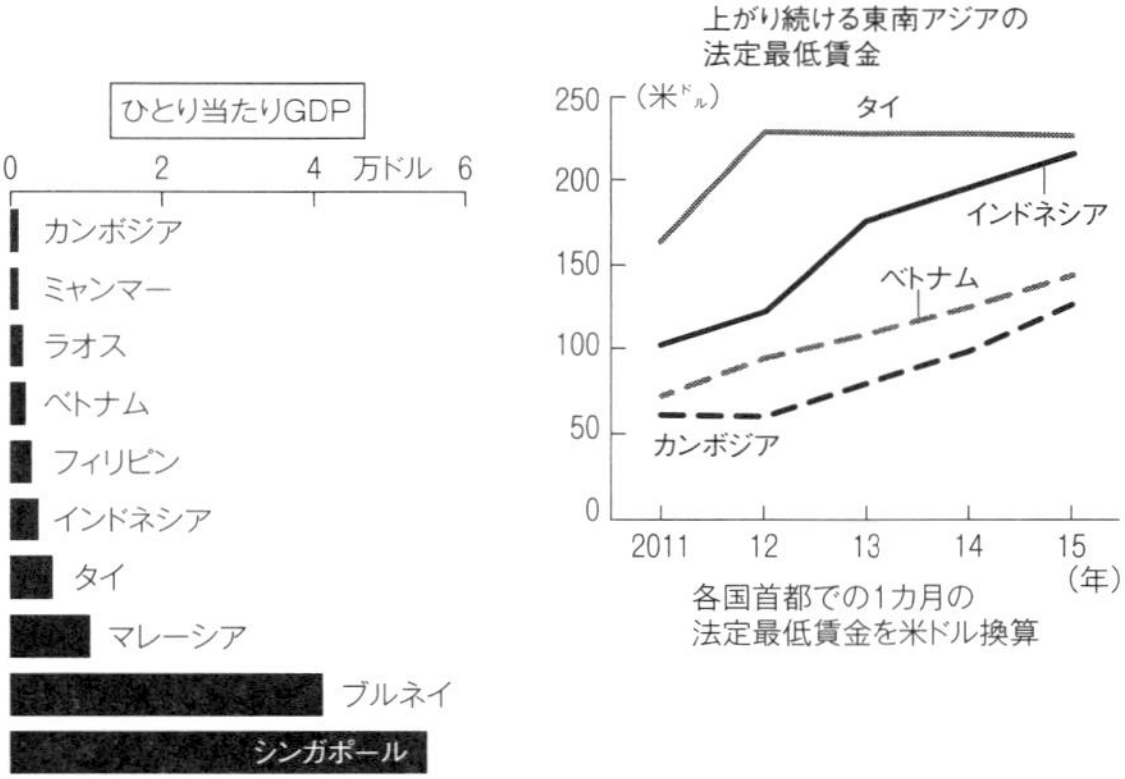

図3-13　ASEAN各国のひとり当たりGDP（2012年）（左図）、および法定最低賃金　ASEANでは経済状況や豊かさに大きな格差があるにもかかわらず、近年、労働者の賃金水準が軒並み急上昇している（右図）。このままでは、充分な経済成長を遂げる前に、高賃金を嫌う外国企業などが国外に出て行ってしまうのでは、と危惧する声もある（参考）『世界国勢図会　2014/15年版』、朝日新聞2014年12月26日付朝刊

べるようにする目的もあります。東アジアで紛争が発生した際に、物資の輸入を可能にする意味合いもあるのでは、といわれています。

こうした中国の存在感の拡大については、ASEAN各国内でもさまざまな議論が起きています。

またフィリピンやベトナムなどは、南シナ海のスプラトリー（南沙）諸島やパラセル（西沙）諸島の領有権をめぐり、中国と意見が対立しています。このことも、ASEANの安全保障にとっての難題となっています。

第4章　EU――壮大な実験が描き出すもの

◆注目されたスコットランドの住民投票

二〇一四年九月一八日。一つの住民投票が、世界中の注目を集めました。イギリスへの残留の賛否を問う、スコットランドの住民投票です（図4－1）。

投票資格のある一六歳以上の住民の九七パーセント、約四三〇万人が有権者登録をし、八五パーセント近くの投票率があったことからもわかるように、スコットランドの人たちは、この問題をきわめて重要視しました。

結果は、独立反対への票が、投票総数の約五五パーセントに当たる二〇〇万票強。スコットランドのイギリス残留が決まったのです。この過程では、事態を重く見たイギリス政府が、スコットランドの自治拡大を約束するなどの出来事もありました。

その一方で、世論調査によれば、五四歳以下の年齢層では独立賛成が反対を上回っています。将来的には、この問題が再浮上してくる可能性もあるのです。

スコットランドの独立問題が、ここまで注目されたのは、拡大を続けてきた欧州連合（E

U）において、国家内での分離・独立運動が生じたからです。自国の政策に不満を抱く地域の人々が、国家の上に立つEUという枠組みに所属するようになったことで、独立を目指すような現象が増えていくのか。さらにそうした傾向が生じた場合、今後のEUのあり方にどのような影響を与えるのか。超国家機関としてのEUが、従来の国際関係にはなかった特徴を持つ存在だけに、そこでの動きが多くの人々の関心を集めたのです。

とはいえ、そもそもEUとはどんな存在なのかよくわからない、という人もいるでしょう。そこで本章では、EUの設立から組織の概要、今日の問題点などについて説明します。

図4-1　スコットランドとイギリス　スコットランドは、イギリス全土の約1/3を占めている。北海油田や重要な海軍基地などもあり、イギリスにとっての重要性は非常に高い

◆超国家機関としてのEU

EUは、従来の国家とも、国家から委託を受けて活動を行っている国際組織とも、異なる存在です。もちろん、国同士の単な

る協議の場でもありません。当初の原加盟六か国から、現在の二八か国体制に拡大した「超国家機関」です（図4－2）。

二〇〇四年にはポーランドやチェコを始めとした一〇か国が、〇七年にはブルガリアとルーマニアが、一三年にはクロアチアが参加したように、拡大の流れは近年も続いています。

従来の国家は、「主権」と呼ばれる、領土や領海、国民、あるいは国家体制そのものを統治する権限を持っています。主権を持つとは、対外的には、他国からの独立性を保有していることであり、それ以上の存在がないこと、を意味しています。また国内的には、至高の存在であり、自国内において自らの意志を貫徹できるだけの強制力を持っていること、がその特徴となります。

少し難しい言い方になりましたが、要するに、外国から一方的な命令を受けることがなく、国内の政治・社会の制度や治安などをきちんと維持して、諸政策を実施できる機能や権限を有している政治主体が、主権国家と呼ばれているのです。

一方、EUの特殊なところは、加盟各国が、この主権の一部を自らの意志で手放し、EUに委譲している点です。そのためにEUは、超国家機関と呼ばれています。

具体的にはまず、EU域内でヒト、モノ、サービス、おカネが自由に移動できます。

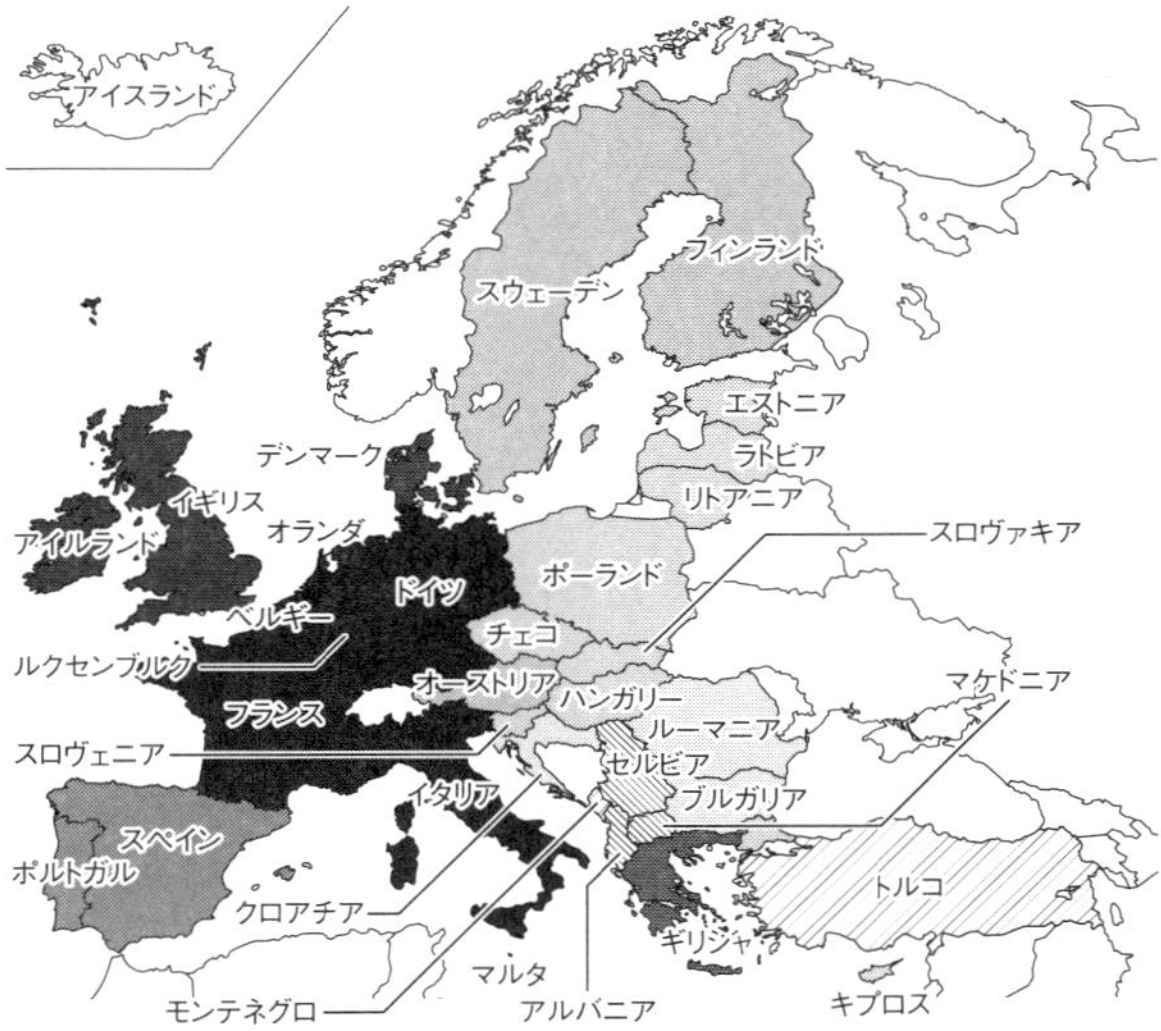

■原加盟国（6カ国）
フランス、ドイツ、イタリア、ベルギー、ルクセンブルク、オランダ

■第1次拡大　1973年
イギリス、デンマーク、アイルランド

■第2次拡大　1981年
ギリシャ

■第3次拡大　1986年
スペイン、ポルトガル

■第4次拡大　1995年
オーストリア、フィンランド、スウェーデン

■第5次拡大　2004年
チェコ、エストニア、ハンガリー、ラトビア、リトアニア、ポーランド、スロヴァキア、スロヴェニア、キプロス、マルタ

■第5次拡大　2007年
ブルガリア、ルーマニア

■第6次拡大　2013年
クロアチア

■加盟交渉を開始した国
トルコ、モンテネグロ

■加盟候補国
セルビア、マケドニア、アルバニア

図 4-2　拡大する EU　EC／EU は、6 次の拡大を経て、当初の 6 か国から現在の 28 か国にまで増えている。さらに加盟交渉が継続している国も複数ある。その一方で、加盟交渉を続けていたアイスランドは、2015 年 3 月に、EU の加盟申請を取り下げると発表。今後の流れは不透明だ

その結果として、域内の貿易や投資は急速に拡大しました。

たとえば、西欧のファッションブランドメーカーなどが、比較的賃金の安い東欧のEU加盟国に工場を建て、現地の人々を雇用して製品を作る、といったことはもはや日常的です。

そして本国にある本社には、優秀なデザイナーや経営能力を持つ人々がEU域内から集まってきます。彼らの中には、オランダで生まれ育ち、ドイツの大学で二年間学んだ後、残りの学位をイタリアの大学で取得した、などという人もいるでしょう。この欧州各国における大学の学位互換制度は、ヨーロッパ高等教育圏を作り出すための「ボローニャ・プロセス」と呼ばれる施策の一部。参加国は、EU加盟国以外にも多数ありますが、これもまた欧州統合の大きな流れの一つです。

また、EUの多くの国の間では、国境におけるパスポート・チェックや税関検査が廃止されています。これは、「シェンゲン協定」という取り決めによるもので、イギリス、アイルランドを除くほとんどのEU加盟国、さらにスイスやノルウェーなどいくつかのEU非加盟国が、協定に参加しています。ヨーロッパ各国間を移動した人は実感すると思いますが、電車や自動車に乗っているうちに、あるいは歩いているうちに、いつの間にか隣の国に入っていた、ということもしばしばで、このこともまた、開かれた欧州を感じさせてくれます。

◆ユーロという単一通貨

単一通貨ユーロを導入している国は、二〇一五年五月時点で、EU加盟国のうち一九か国(図4-3)。ユーロ採用国では、おカネを経済(経済学では「市場」と呼ばれます)の中でどれだけ流通させるか、などといった金融政策を、「欧州中央銀行(ECB)」に委ねることになります。

普通の国では、日本が「日本銀行」を有しているように、国ごとに中央銀行があり、自国の経済状況をチェックしながら、金融政策を実施しています。しかしユーロ圏一九か国においては、ECBが、ユーロ圏全体の経済状況を見て、民間銀行に資金を貸し出したり、逆に吸収したりといった政策を行うことで、市場に流通する資金の量をコントロールします。ユーロ参加各国には今も、中央政府が存在していますが、自国経済の監視など、ECBの補助的な業務を行っているに過ぎません。

そのため仮に、景気の悪い国が、金利を下げて、市場に流れる資金の量を増やしてほしいと望んでも、ユーロ圏全体の状況次第では、その逆の政策が採用される可能性もあります。

他方、ユーロを採用した国同士では、通貨両替のための為替《かわせ》手数料や、為替相場の動きに

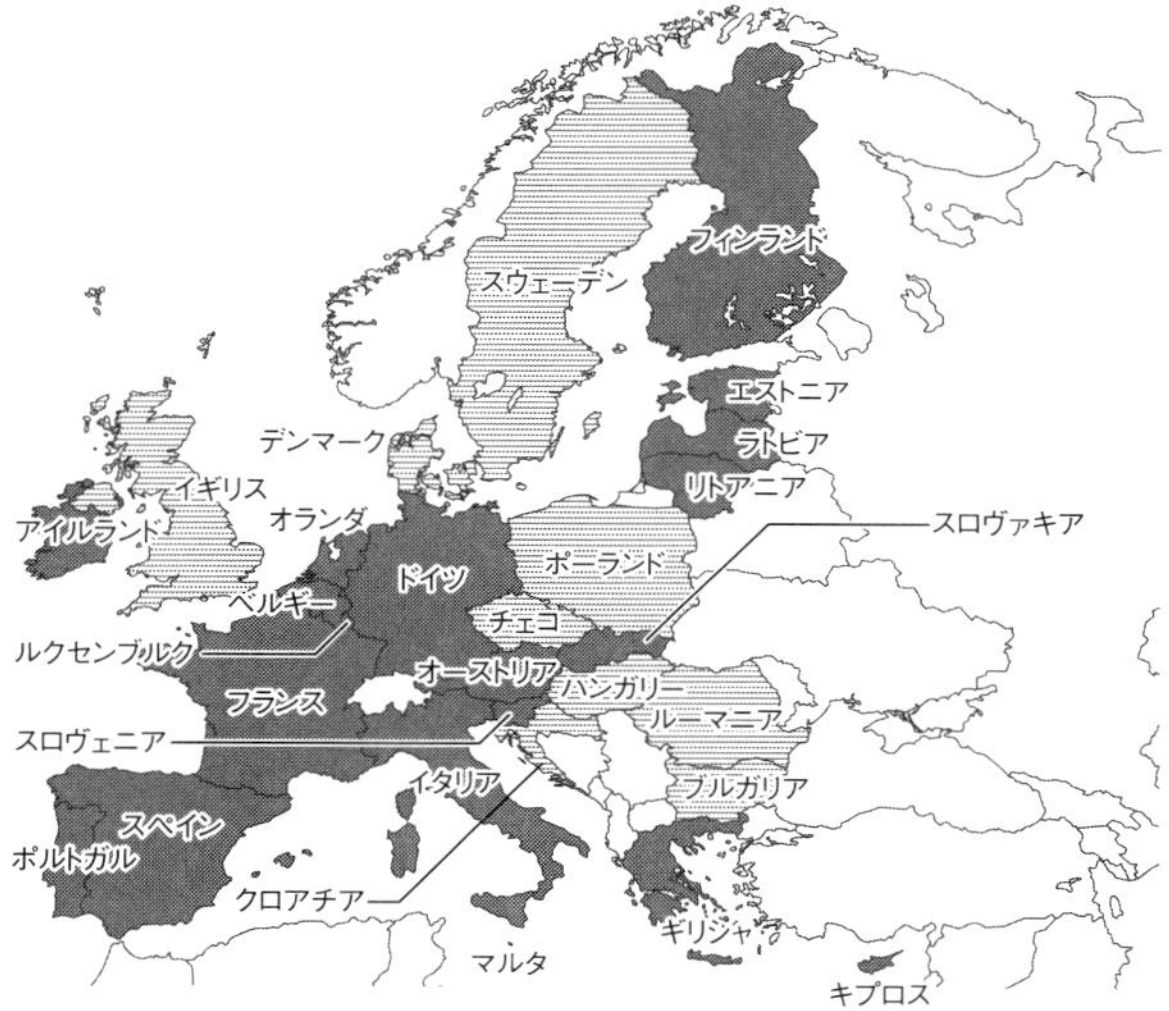

ユーロ参加国
ベルギー、ドイツ、ギリシャ、スペイン、フランス、アイルランド、イタリア、キプロス、ラトビア、リトアニア、ルクセンブルク、オランダ、オーストリア、ポルトガル、スロヴェニア、フィンランド、スロヴァキア、エストニア、キプロス、マルタ

ユーロ不参加国
イギリス、スウェーデン、デンマーク、チェコ、ハンガリー、ポーランド、ブルガリア、ルーマニア、クロアチア

図 4-3 ユーロ参加国と不参加国 イギリスやスウェーデン、デンマークなどは、EU 加盟国でありながら、自国の通貨主権を守るため、あえてユーロに参加しないという選択をしている

影響されること、などがなくなります。また、ユーロに参加するためには、さまざまな経済的条件などをクリアしなければならないため、ユーロ圏外の国からの、ユーロを導入している国に対する信頼が生まれる、という利点もあります。そのため、ユーロを採用した国では、貿易や投資の流入が活発になる、と期待されているのです。

要するに、ユーロに参加した国々は、自国の金融政策を取るという主権を放棄し、その代わりに、より大きなユーロ経済圏の中での生き残りを選択した、といえるのです。

EUの特徴や特異性は他にもまだありますが、後程さらに紹介することにします。

◆始まりは「欧州石炭鉄鋼共同体（ECSC）」

ここで、EUの歴史について少し見ていきましょう。

第二次世界大戦の傷跡が欧州全域に残る一九五〇年。ドイツで、大規模製鉄所を再開しようという計画が浮上します。場所は、フランスとの国境に近いルール、ザール両川の流域地帯。しかし、かつての工業大国ドイツが製鉄所を持つことに対して、周辺国は警戒心を抱きます。その一方で当時、石炭の一大産出国であったフランスの経済にとって、製鉄用の石炭を輸出できるのは好ましいことです。こうした状況の中、フランスはイギリスやアメリカなどとの協議を経て、最終的にドイツの製鉄所建設の後押しをすることにしました。

そのときにつけた条件が、「欧州石炭鉄鋼共同体（ECSC）」の創設です。そこでは、フランスやドイツなど関係国が、ECSCに加盟し、石炭と鉄鋼に関する主権の一部を委譲する。この体制の中で、フランスはドイツに石炭を輸出するとともに、ドイツが石炭や鉄鋼を軍事目的で使っていないかどうかを精査する。そうした取り決めが行われたのです。

ECSCの構想は、周辺国の支持を集め、一九五一年の発足時には、フランス、ドイツ両国に加え、イタリアと、ベネルクス三国（オランダ、ベルギー、ルクセンブルク）も加盟することになりました（図4-4）。ただし、主権の一部委譲に違和感を覚えたイギリスは、参加を見合わせています。

ECSC発足に至る一連の動きの背景には、フランスの企画院長官ジャン・モネの構想がありました。彼は以前から、ヨーロッパでの悲惨な戦争の再発を防ぐには、欧州各国の主権の一部を委譲する超国家機関を作らなければならない、と考えていたのです。とはいえ、国家が自国の主権を手放すことなど、そう簡単にはありません。ここに現れたのが、ドイツでの製鉄所建設の計画です。モネは常々、国家が、自国の主権を一部でも委譲するためには、それが、その国にとっての利益につながることが重要だ、と考えていました。この点で、経済分野での協力という今回のケースは、まさにうってつけ。彼は、当時のフランス外相ロベール・シューマンに、ECSC構想を実現するよう、ねばり強く説得し、賛同を得たのです。

図 4-4　欧州石炭鉄鋼共同体（ECSC）設立時の加盟国　この6か国が、EC誕生の際には原加盟国となっている。現在でも、EU統合の推進力としての役割を果たしているケースが多い

◆「欧州経済共同体（EEC）」ができる

ECSCは、加盟国にとって多くの利益を生みます。恐れていた、ドイツの軍事大国化という事態も起きません。経済統合の利点を知った各国は、さらなる動きに出ました。

それが、一九五八年の「欧州経済共同体（EEC）」、「欧州原子力共同体（EURATOM）」の創設です。前者は、欧州における幅広い経済分野の統合を推進し、後者は、原子力発電分野を中心として、加盟国間の協力を推し進めるための機関です。どちらも、ECSCの創設メンバーである六か国が参加しています。

特に、前者のEECは、欧州統合の歩みを一気に加速させました。たとえばEEC設立を謳《うた》った「ローマ条約」では、加盟国間での輸入関税、および関税以外の輸入障壁をなくすことが取り決められました。各国は、経済の一体化のスタート地点に、いよいよ立つことになったのです。これによって、EEC参加国間の貿易は、一気に活発化していきます。

欧州統合の動きは、さらに続きます。一九六七年に「欧州共同体（EC）」が設立されたのです。この時点で、ECSC、EEC、EURATOMの三機関がなくなったわけではありません。各機関の政策決定をする「理事会」を一本化するなど、ECとしての意思決定がより円滑になるような、各種の機構改編がそこで実施されました。結果的にECは、貿易から工業、エネルギーといったさまざまな分野にまたがる、広範囲の権限を持った超国家機関へと、少しずつ発展をしていったのです。

さらに、一九七三年にはイギリス、デンマーク、アイルランドが、八一年にはギリシャが、八六年にはスペイン、ポルトガルが、それぞれECに加盟します。どの国も、EC加盟国の発展と域内の貿易の拡大を見て、その勢いに乗り遅れまいと参加を決めたのです。

参加国が増えていくECのような超国家機関に参加すれば、自国の意見が通らず、自国の主権が制限される領域も増えていきます。にもかかわらず各国は、自国の発展のために、ECに参加することを自発的に選択しました。注目すべきポイントだと言えるでしょう。

こうした統合の動きの一例として、ジャーナリストの池上彰氏は、興味深いケースを紹介しています。ＥＣ発足以前、ドイツにあった「純粋令」です。

16世紀に制定され、永く遵守されてきたこの法律では、麦芽とホップ、酵母と水だけを原料にしたものがビールだ、と定められていました。それ以外の飲料は、ビールと表示して、ドイツ国内で売ることはできません。しかし周辺諸国では、ハーブやスパイスを入れて作ったビールもたくさんあります。各国からは、この問題もEC全体として解決するよう、問題提起がなされました。最終的にドイツは、国内外での多くの協議を経て、ＥＣ設立・参加に当たり、純粋令の廃止を決めています（『池上彰の大衝突』）。

欧州統合の過程では、「ビールとは何か」の定義を統一するといった、細かく、しかもさまざまな立場・意見の人々が存在する問題を、一つ一つ解決する必要がありました。それは、文字通り気の遠くなるような作業です。しかし、ヨーロッパの統合を進めることで、再び欧州の地を戦場にしないようにしよう。そしてさらなる発展を遂げよう。そうした関係者の熱意は、欧州統合を少しずつ前へと推し進めていきました。

域内のヒトの移動を円滑にするための「シェンゲン協定」は、こうした流れの中、一九八五年にドイツ、フランスなど五か国が参加するところから始まりました。その後、急速に参加国が増え、現在はEUの大半の国が加わっていることは、前述したとおりです。

◆深化するEU

欧州統合の流れはその後、新たな局面を迎えます。

「欧州連合（EU）」を創設するための「マーストリヒト条約」が締結されたのです。条約は、EC加盟の全一二か国によって、一九九二年二月に署名がなされ、翌九三年一一月に発効しました。ついに、今につながるEUが誕生したのです。

マーストリヒト条約においては、①経済統合の一層の推進、②「共通外交・安全保障政策」の深化、③警察など司法・内務分野における各国政府間の協力促進等が謳われています。

とりわけそこでの目玉は、①の具体策として、後に「ユーロ」と命名される単一通貨の導入と、その単一通貨圏の金融政策を司《つかさど》る「欧州中央銀行（ECB）」の創設を取り決めたことです。ECB設立には、一九九九年一月までという期限が設けられました。

さらに単一通貨の導入には、政府の財政赤字をGDPの三パーセント以下、債務の総額

（債務残高）をGDPの六〇パーセント以下に抑えなければならないといった財政規律の条件以外に、物価や為替、金利に関する経済的条件などが、関係各国に課されました。

各国は、多大な注力を続け、何とかこれらの条件をクリアします。この結果、期限よりも半年ほど早い一九九八年六月にECBが誕生しました。さらにその約半年後の九九年一月には決済用の仮想通貨というかたちでしたが、ユーロが登場したのです。

そして二〇〇二年一月一日、ついに、ユーロが、実物の紙幣やコインとして市場で流通するようになります。ユーロ導入国の人々は、長年慣れ親しんできた自国の通貨に別れを告げ、これ以降、ユーロを日常生活の中で使うようになったのです。

二〇〇九年には、EUのさらなる統合深化を謳った「リスボン条約」が発効します。

これは、①EUへの、国際交渉などでの主体性を確保させる「法人格」の付与、②EU加盟国の首脳などからなる「欧州理事会」の議長職を、二年半の任期制とし、「EU大統領」とでもいうべき存在にすること、③EUの外相として「外務・安全保障政策上級代表」を置くこと、④権限の小さかった欧州議会の権限を強化し、立法機関としての性格を強めること、⑤EU加盟国の各分野の大臣級からなる「閣僚理事会」での審議において、全会一致が必要だった多くの分野で「特定多数決制」を採用すること、などを取り決めた条約です。

その趣旨を簡単に言えば、個々の加盟国の影響力を減らし、ＥＵ自体を、国際交渉における主体となり得る、効率的でより影響力の強い存在にしようとしたのです。

ＥＵの統合に向けた動きは、ここで終わらず、現在もまだ深化の途上にあります。

◆ＥＵの体制

これまで、ＥＵとはどのようなものかをあまり説明せずに、統合の流れを紹介してきました。ここで少し、ＥＵの仕組みについて見ていきましょう。

ＥＵは、二八の加盟国が持つ主権の一部を委譲された超国家機関です。そのため、関与する領域はきわめて多岐にわたり、傘下に多くの機構を有しています。その中核となるのが、①欧州理事会、②閣僚理事会、③欧州委員会、④欧州議会の四機関です（図４－５）。
①は、ＥＵ加盟国の行政の最高責任者（名誉職ではない大統領や首相）と、欧州委員会の委員長によって構成される会合です。ＥＵの課題や将来の方向性など、重要な諸課題について全体の合意を得る、という役割があります。
②では、外務や経済、環境などの一〇分野について、各国の担当閣僚が集まって討議がなされます。ここが、ＥＵの意思決定機関の大きな柱であり、国家にたとえると「国会」に相

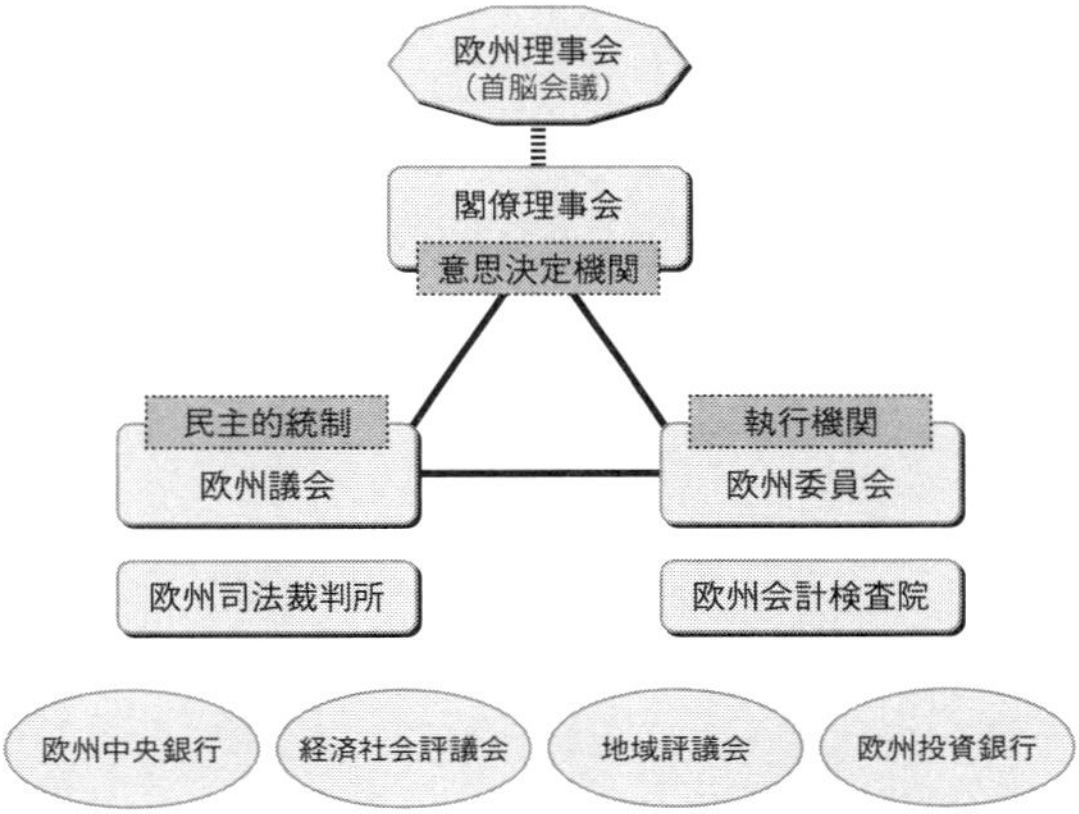

図 4-5 EU の体制 EU は、欧州理事会、閣僚理事会、欧州委員会、欧州議会の 4 機関を中心として、数多くの機関から構成される複雑な組織である （参考）『拡大 EU 辞典』

当するともいわれています。意見の分かれる議題については、人口に応じて割り当てられた各国の票数をもとに、一定以上の票数があった場合に可決される、特定多数決で投票が行われることがあります。そこでは、自国の主張と異なる結論が出された場合でも、加盟国は決定に従わなければなりません。主権の一部を委譲する、とはこうしたことも意味するのです。

③は、国家で言えば政府であり、内閣と行政機関を兼ねたような組織です。ＥＵ関連の条約を作る立法機関と、決定事項を実行する執行機関の両方の役割を担っています。ベルギーのブリュッセルを拠点にして、三万人以上の職員が働く巨大組織です。

④は、加盟各国における選挙で選出された議員によって構成されています。従来、この欧州議会は、ＥＵの監視役といった役割を担う組織に過ぎませんでした。しかし、「リスボン条約」の発効にともなって、立法や予算に関する権限が大幅に強化され、現在では閣僚理事会と並ぶ「国会」に似た存在となっています。各議員の多くは、国ごとにではなく、国をまたがる会派・グループごとにまとまって行動します。本会議場で討議する際にも、同様に、国別にではなく会派別に着席します。

直近の二〇一四年の選挙の結果、中道右派キリスト教民主主義系の「欧州人民党」が全七五一議席中の二二一議席を占め、最大会派となっています。二番手は、中道左派の社会民主党系の「社会民主進歩同盟」で一九一議席。三番手は、保守党系の「欧州保守改革グループ」で七〇議席です。注目すべき現象の一つは、「自由と民主主義の欧州」が七番手の四八議席を獲得するなど、右派・欧州懐疑派の議席が急増したことでしょう。彼らは、近年の高い失業率や社会不安の高まりの中で、移民排斥などを訴え、多くの人々の支持を集めたのです。

話を戻しましょう。ＥＵには他にも、「経済社会評議会」、「地域評議会」という、強制力を持たない二つの諮問機関。先程紹介した、ユーロ圏の金融政策を実施する「欧州中央銀行

（ＥＣＢ）」。ＥＵ関連の法律解釈その他の判断などを行う「欧州司法裁判所」。ＥＵ発展のための投資に資金を供与する「欧州投資銀行」。ＥＵの会計を検査する「欧州会計検査院」などといった多くの機関があります。

ＥＵの各機関同士の関係や問題点など、説明すべき点はまだありますが、ＥＵの仕組みについてはここまでとしましょう。

◆政策に理念を反映させる

ＥＵの有り様を見ていると、一つの大きな特徴があることに気づきます。それは、自由、民主主義、法治主義、人権の擁護といった理念を、政策に反映させていることです。

そもそもＥＵに加盟しようとする国は、「アキ・コミュノテール」と呼ばれる、一七万ページにも及ぶＥＵの法体系を受け入れ、それに沿って、国内の法律や制度を変えなければなりません。そこでは、ＥＵ加盟を希望する国に対して、基本的人権の尊重、モノやヒト、サービス、資本の移動の自由の保障から、共通農業・漁業政策、教育や文化、消費者保護、環境保護に関する政策の受け入れ・実施に至る、きわめて広範囲の変革が要求されます。

ＥＵの経済政策では、「独占」の規制という要素がきわめて濃厚です。ある商品・サービスなどの分野で、一つ、あるいは少数の企業などが巨大なシェアを占めると、多くの場合、そうした独占企業が、商品やサービスの質や価格を自社に都合よく決めてしまいがちになります。これは、消費者に不利益をもたらすことになります。そのためEUは、巨大企業同士の合併や談合、巨大企業による市場独占といった事態が起きないよう、厳しく目を光らせています。

EUの監視は、域外の企業に対してなされることもあります。たとえば、二〇〇〇年から〇一年にかけて、アメリカに本拠地を置く巨大多国籍企業、ゼネラル・エレクトリック（GE）が、同じく巨大な多国籍企業ハネウェルを買収しようとしたことがありました。それに対してEUは、独占の弊害をもたらすケースが出てくることを見て取ります。欧州委員会は、合併の不認可を決めました。そしてGEは、EU域内での活動を考え、この決定を受け入れたのです。EUの巨大な経済力が、域外の企業にも影響力を発揮したことになります。

多くを説明する余裕はありませんが、EUは、こうした一連の政策を通じて、EU域内・域外を問わず、多くの国々や企業のあり方をも変えていこう、としているように見えます。

◆ギリシャの債務危機

拡大を続けるEUですが、そこに問題はないのでしょうか。

もちろんEUにも、深刻な課題や問題点がたくさんあります。その一つが、加盟国の財政問題であり、巨額の債務の存在。その端的な例が、ギリシャの債務危機問題です。

この問題のそもそものきっかけは、二〇〇九年一〇月のギリシャにおける政権交代でした。新たに登場したパパンドレウ政権の下で、ギリシャの同年の財政赤字予測額が、それまでの公表値の二倍以上、GDPの一三パーセント前後であることが明らかになったのです。同時に、債務残高がGDPの一一〇パーセント以上であることもわかりました。

これがきっかけとなり、金融市場では、ギリシャの国債の格付けが下げられてしまいます。その結果、ギリシャ国債は大量に売られ、価格が暴落します。

格付けが下がり、価格が落ちていくことがわかっていれば、誰《だれ》もギリシャ国債を買わなくなります。国債はおもに、それを発行する国が、自国の歳入の不足分を補うための手段として使われます。国債を買う金融機関や個人がなくなれば、その国の政府は資金不足に陥ってしまいます。そうなれば、必要な行政活動ができなくなり、国債を始めとする債権への利払いや、満期になった債権の償還なども不可能になります。

この場合、最悪のケースでは「債務不履行（デフォルト）」と呼ばれる状況に陥ってしまいます。いわば国家の破産状態で、外国や国際機関の助けがなければ、立ち直ることはできません。この状況を憂慮したEUは、七〇〇〇億ユーロ（約八二兆七〇〇〇万円）以上に上る「欧州安定化メカニズム（ESM）」と呼ばれる枠組みなども使った、ギリシャへの支援策を検討しました。EUはその際、財政赤字を減らすため、政府の支出を削るさまざまな緊縮策を、ギリシャに対して求めています。

これに対して、ギリシャ政府は、二〇一五年七月に、EUなどが金融支援の条件としている緊縮策の受け入れの是非をめぐって、国民投票を実施。結果は、緊縮策受け入れへの反対票が、全体の六割を超えたのです。

国民投票の結果を受けて、今後、どのような事態が生じるかはまだわかりません。当面は、ギリシャの受け入れられる緊縮策を探るべく、EUとギリシャの間で話し合いの継続する可能性があります。そこからギリシャが、財政破綻《はたん》をなんとか回避できる合意が成立する可能性もゼロではありません。しかし最悪のケースでは、どこかの段階で支援協議が決裂し、ギリシャがユーロを離脱せざるを得なくなる可能性もあります。そうなれば、自国通貨としてユーロを使えなくなるギリシャ、共通通貨としての信頼性に傷のついたユーロ圏全体で、経済に大きなマイナスの影響が出るでしょう。

ここでの教訓は、EUの仕組みの課題が明らかになった点です。EUはこれまで、経済面での統合を急ピッチで進めてきました。確かに、自由貿易の推進や統一通貨ユーロの導入、物価上昇率の抑制などといった面では、多くの進展がありました。その一方で、税金の徴収や、集めた税金などを使う財政政策などについては、各国の自由に任せてきたのです。

ギリシャでは長年、国家の歳出の多くを公共投資に回してきました。こうした巨額の投資は、経済の中での公共部門を拡大させ、ギリシャの就業者の四人に一人が公務員、ともいわれる程になったのです。さらにギリシャの公務員は、給与が高く、多額の年金を受け取ることができます。これらはみな、政権の人気取りのためでした。

非効率な公共事業が増え、高給取りの役人が多くなった国で、財政赤字が膨らんでいくのは当たり前です。ギリシャは、ずさんな政策を取り続けてしまった結果、債務危機問題に陥ってしまったことになります。

一方、ドイツなどでは、こうしたことはあり得ません。行政の仕事に対しては、きちんと監視がなされ、歳入に見合った歳出を行っているために、財政状況も健全です。

問題は、同じユーロの導入国であり、同じECBの金融政策に従っている国の間で、こうした格差が生じたことです。金融政策だけを共通化して、財政問題を各国に任せるから、こうした問題が起きるのだ。ユーロ懐疑派からは、そうした批判が飛び出したのです。

ＥＵとユーロ圏各国は、今後も長くこの問題と向き合っていかざるを得ないでしょう。

◆右翼政党が躍進する

ＥＵ加盟国には、ギリシャのように、景気の後退や高い失業率に苦しんでいる国がたくさんあります。その背景には、グローバリゼーションの進展の中で、他のＥＵ加盟国、あるいは新興国などから、安くて質のよい商品が入ってくるようになったにもかかわらず、自国の新たな産業が育っていない、といった事情もあるといわれています。

そのことが、さらなるＥＵの問題点につながっています。

近年、失業率の高さや生活環境の悪化などの解決策だとして、外国からやってくる移民を排斥しようとする運動が、ＥＵ各国で起きています。安い賃金で働くこともいとわない移民が増えたから、仕事を得られない自国の人々が増えたのだ。そうした主張への賛同者は、急速に増加しています。具体的には、フランスの「国民戦線」、オーストリアの「自由党」、イギリスの「英国独立党」、イタリアの「北部同盟」、スウェーデンの「民主党」といった、移民の排斥などを訴える右派政党が注目され、各国議会での存在感が増しているのです。

少し前の数字ですが、二〇一四年五月前後の調査では、極右政党や反EUを主張する急進政党への支持率が、EU加盟二八か国中九か国で、首位または僅差《きんさ》の二位となっています。

そうした動きに拍車を掛けたのが、二〇一五年一月に起きた風刺週刊新聞「シャルリ・エブド」の襲撃事件を始めとするテロ事件です。襲撃事件では、イスラム教を風刺した表現をしたことに腹を立てた犯人が、編集部を襲い、多数の関係者を殺害するに及んでいます。

この事件の背景には、移民二世、三世といった、欧州生まれでありながら、いまだに差別を受け、満足な教育を受ける機会も与えられず、就職することもままならない多数の若者の存在があります。彼らの多くは、明るい将来が思い描けない中、イスラム教に救いを求めます。そして、大切なイスラム教が冒瀆《ぼうとく》されたことに憤りを感じた一部の若者が、武器を手にしての襲撃という、大惨事を引き起こしてしまったのです。

他方、一連のテロ事件を目《ま》の当たりにして、移民に対し、恐怖とさらなる怒りを抱くようになった人々もたくさんいます。

EU域内では、国境を越える人々の移動が容易です。そのため、EU域内にテロリストが入った場合、彼らはEU域内、とくにシェンゲン協定を結んだ国々の間を、簡単に移動することができます。そのため、各国の治安当局者たちは、ＥＵ内でテロが拡散していくことを警戒しています。周辺諸国・地域から多くの人材を呼び集め、域内での移動を自由にしてきたＥＵは、新たな試練を迎えているのです。

◆各地で起きる分離・独立運動

本章冒頭で紹介したスコットランドの事例のように、各地の分離・独立の動きも、ＥＵ各国の安定に大きな波紋を投げ掛けています（図４－６）。

住民たちが分離・独立を訴える理由はさまざまです。そこには、歴史や文化・伝統の違い、税金で他地域の経済を支援することに違和感を感じる豊かな地域の思いなどが、複雑に交錯しています。

もちろん、分離・独立の動きがより本格化してきた場合、各国は、それを防ぐために多くの政策を打ち出すでしょう。そのため、実際にはそうした出来事が起きる可能性は低い、とする見方もあります。それでもなお、この問題は、自分は誰かという人々の帰属意識と密接に関わる問題であり、将来的にＥＵ域内に何らかの影響を与える可能性は残っています。

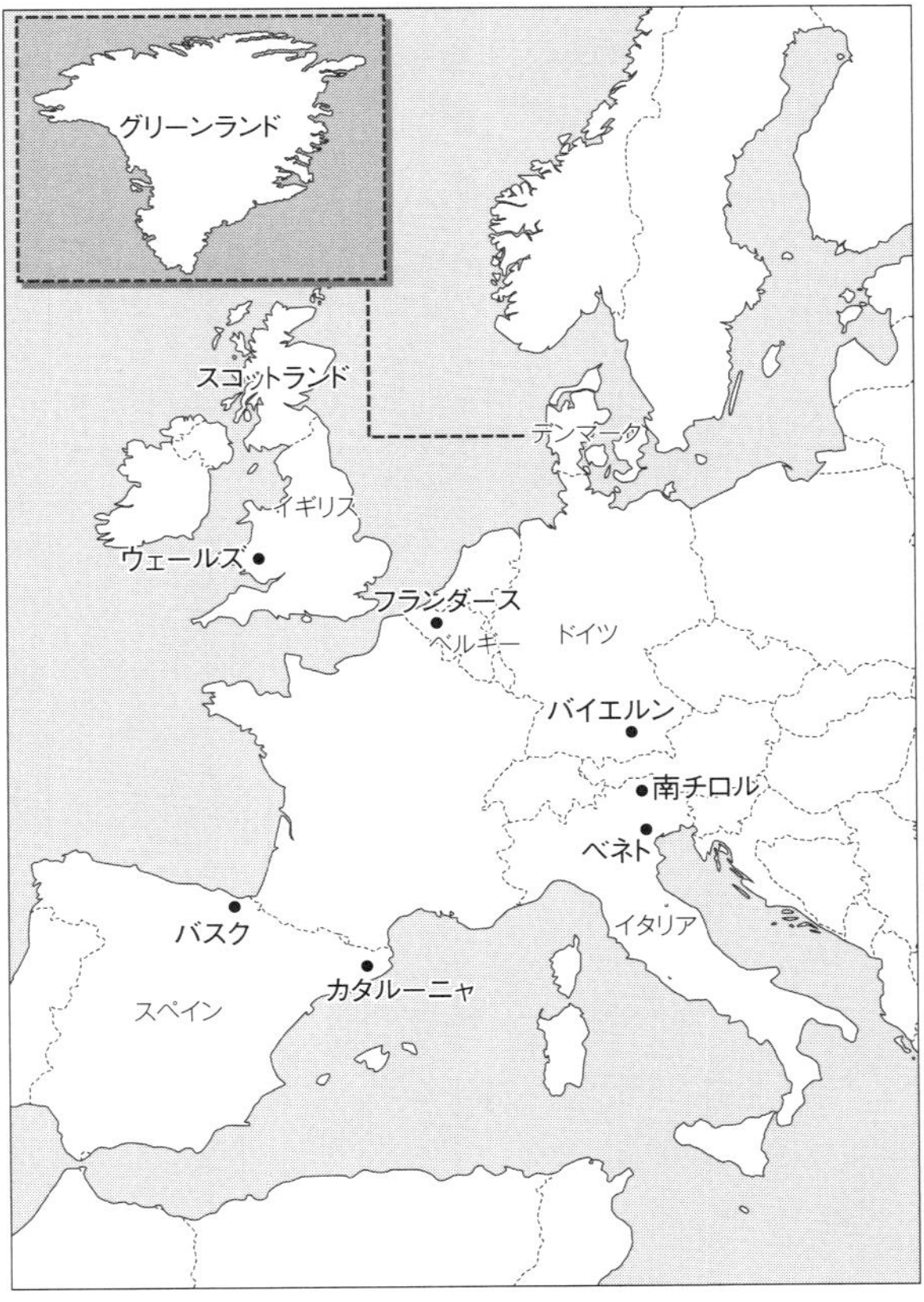

図 4-6　EU 域内で分離・独立運動の盛んな地域　スコットランド以外にも、自国からの分離・独立の動きが盛んな地域はいくつもある。実際に独立がなされる可能性は高くはないが、それでも、ことあるごとに独立の掛け声が高まることも確か（参考）「ニューズウィーク日本版」2014 年 9 月 30 日号

◆EUは今後も発展するのか

EUの課題や問題などは他にも多々ありますが、ここまでとします。

本章の最後に、EUは今後も拡大・発展を続けるかどうかについて考えてみましょう。

EUは今後、社会の高齢化の進展、人口規模の大きい新興国との競争など、多くの難問に直面することになります。欧州各国は、成熟した社会基盤、高度な政策立案能力や軍事力、優れた文化などを有し、ひとり当たりのGDPが多かったがゆえに、人口規模が比較的小さいにもかかわらず、大きな国際的影響力を保ち得てきました。しかし今後は、中国やインド、ブラジルを始めとする新興国が経済力を急拡大させていきます（図4-7）。

このような状況の中で、EU各国が今後も発展を続けるためには、欧州全体が政治的・経済的な一体性をさらに深め、その巨大な市場規模をフルに生かして、多くの分野で共同の研究・開発、投資などを行っていく必要があります。また、各国が協力して教育水準を底上げし、次世代の社会に適応できる人材を多数育てていくことも、きわめて重要になります。

そうしたことを考えると、EUは今後、領域の規模としては、現在と比べて極端に拡大するとは思えませんが、統合はより一層深まり、国家に似た存在へとさらに近づいていく可能性は高そうです。

ただしEU各国の中には、EUに反発する人々が多数存在します。EUやユーロ圏からの離脱を訴える勢力も、一定以上の支持を受けています。イギリスですら、二〇一七年末までの間に、EU離脱の賛否を問う国民投票が実施される可能性が浮上しています。

しかし総じて言えば、欧州各国にとって、EUにとどまり続けることのメリットは、離脱した際のメリットに比べて、遥《はる》かに大きいように見えます。複雑な国際関係において、将来を断定することはできませんが、EUが今後も発展・深化を続ける可能性は高い、と思われるのです。

	2011年	2050年
アメリカ	15,094	37,998
中国	11,347	53,856
インド	4,531	34,704
日本	4,381	8,065
ドイツ	3,221	5,822
ロシア	3,031	8,013
ブラジル	2,305	8,825
フランス	2,303	5,714
イギリス	2,287	5,598
イタリア	1,979	3,867

図4-7　2011年における上位10か国の2050年GDP予測（2011年の購買力平価基準） 2050年の時点では、ドイツ、フランス、イギリスなど欧州主要国のGDPは、アメリカの1/6以下、中国の1/9以下となっている可能性がある　（参考）「2050年の世界―BRICsを超えて：その展望・課題・機会」

第5章　発展途上国——貧困は克服できるのか

◆激減した世界の貧困層

これまで発展途上国（途上国）とされてきた国々にも近年、大きな変化の波が押し寄せようとしています。新興国と呼ばれる各国が、著しい成長を遂げつつあることは、その典型例だといってよいでしょう。その一方で、発展のきっかけをつかむことができず、停滞を続ける途上国もたくさんあります。本章ではそうした現状について見ていきましょう。

ではここで問題です。一九八一年当時と、二〇〇八年とを比較すると、世界の貧困層の数は、増えているでしょうか。それとも減っているでしょうか。貧困層の定義はいくつかありますが、ここでは、一日一ドル未満で暮らす人々を指すこととします。さらに細かく言うと、この場合の一ドルは、二〇〇五年当時における価値を表しています。

世界銀行は、途上国の発展のために資金や技術などを提供する機関ですが、世界の大半の国を対象に、その貧困状況を調査し、公表しています。それによると、一九八一年に約一五億人いた貧困層の人々は、二〇〇八年には約八億五〇〇〇万人にまで減った、といいます。そ

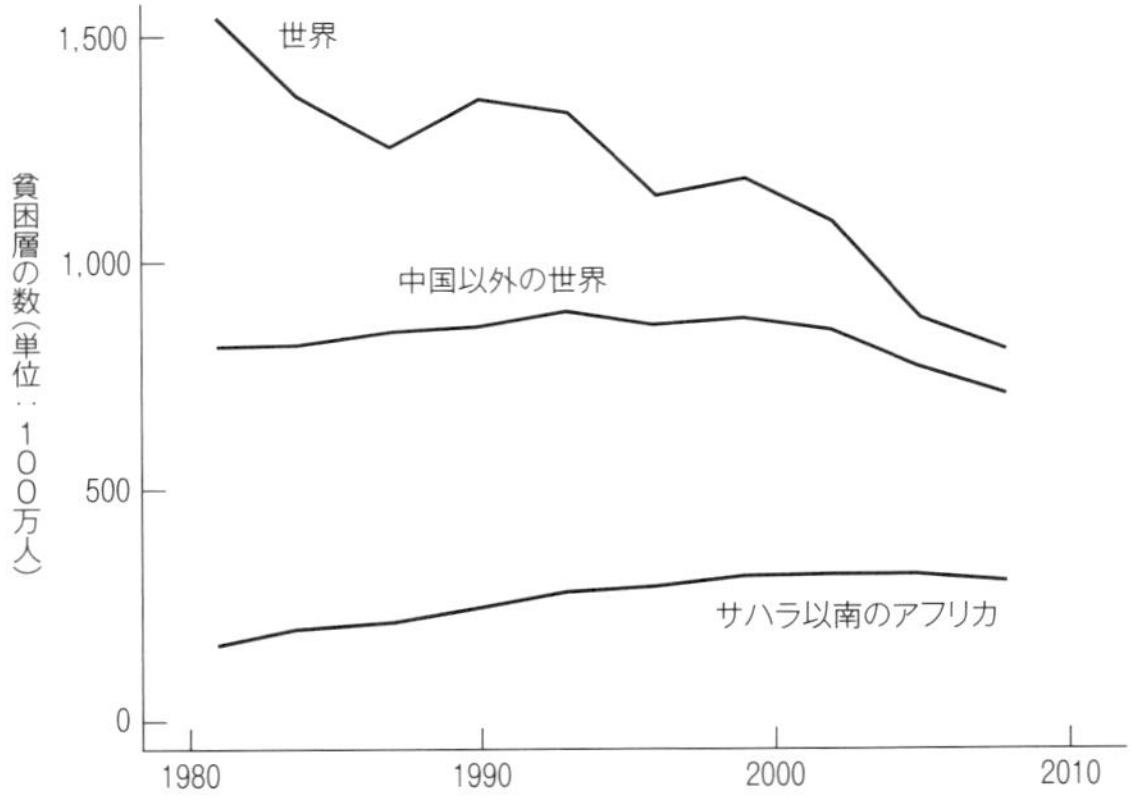

図 5-1　世界の貧困層の数　世界の貧困層の数は大幅に減っているが、同時に、そのほとんどの部分が中国の成長に起因すること、サハラ以南のアフリカでは逆に貧困層の絶対数が増えていること、も見て取れる　(参考)『大脱出――健康、お金、格差の起源』

れによって、調査対象国の全人口に占める貧困者数の割合（貧困者比率）は、四二パーセントから一四パーセントへと減少しています。貧困層の数は大きく減ったのです。ただし、そこには特別な理由もありました。中国の発展です（図5-1）。

一九八一年から二〇〇八年までの間に、中国の貧困層は、約七億一五〇〇万人から約九七〇〇万人へと激減しました。減った数は、なんと六億一八〇〇万人前後に上ります。

さらに、もうひとつの新興国インドでも、貧困層の数が同期間中に、約二億九六〇〇万人から約二億四七〇〇万人へと、四九〇〇万人前後が減少しています。中国ほどではありませんが、インドの成長も貧困層の減少に大きく貢献しています。

そしてこの両国を除くと、同期間中に減った貧困層の数は、約二八〇〇万人となります。貧困国の人口が、全体で二〇億人前後も増えている中での、貧困層の減少ですから、そこにも意味はあります。しかし、この時期の貧困層減少の大半が、中国とインドの経済発展によるものだったことには、留意すべきでしょう。

一方、貧困国の多いサハラ砂漠以南のアフリカ諸国（サブ・サハラ諸国、全四八か国）では、貧困層の数が増加しています。約一億六九〇〇万人から約三億三〇〇〇万人へと、八割近く増えているのです。貧困者比率は、四三パーセントから三七パーセントへと、六ポイントほど減少していますが、この地域では、急テンポで増え続ける人口を支えるだけの、経済成長が成し遂げられていません（『大脱出』）。

こうした状況を反映して、サブ・サハラには、ひとり当たり年間所得の低い、世界でもっとも貧しい国々が多く集まっています（図5-2）。

◆サブ・サハラでも成長が始まる

とはいえ、過去一〇年程の間に、サブ・サハラを含めた途上国の中でも、発展を始めた国

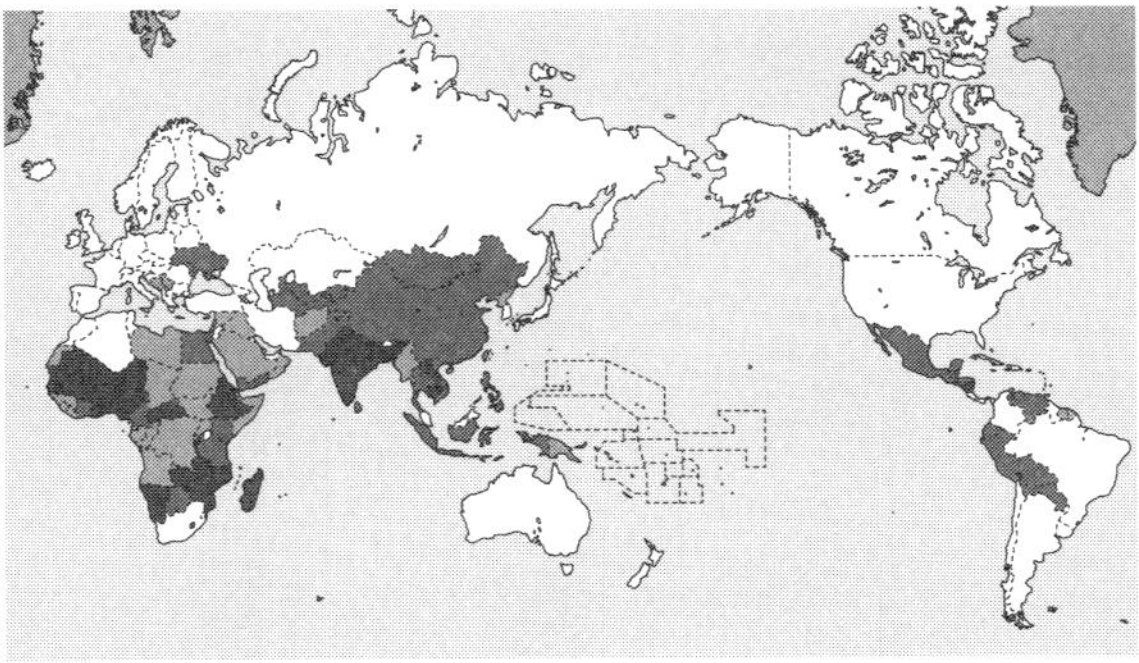

中程度の貧困
（1日2ドル以下で暮らしている人びとが総人口の25%以上）
極度の貧困
（1日1ドル以下で暮らしている人びとが総人口の25%以上）
データなし

図 5-2　中程度の貧困と極度の貧困　世界には 2000 年前後の段階で、中程度の貧困と極度の貧困が普通の状態となっている国がこれだけ存在する　(参考)『貧困の終焉――2025 年までに世界を変える』(資料) 世界銀行データ（2004 年）

が目立つようになってきています（図5－3）。

もともとアフリカには、原油や天然ガス、鉄鉱石など豊富な天然資源を持つ国がたくさんあります。それが、中国を始めとする新興国などの資源需要の拡大によって、資源の価格が上昇し、アフリカの資源国に多くの資金が流れ込むようになったのです。中国は、資源調達のために、資源国の国内で、道路や橋などのインフラ整備も行っています。

またこれまで、先進諸国や国際機関などからの巨額の借金（対外債務）の返済に、政府の歳出のうち、

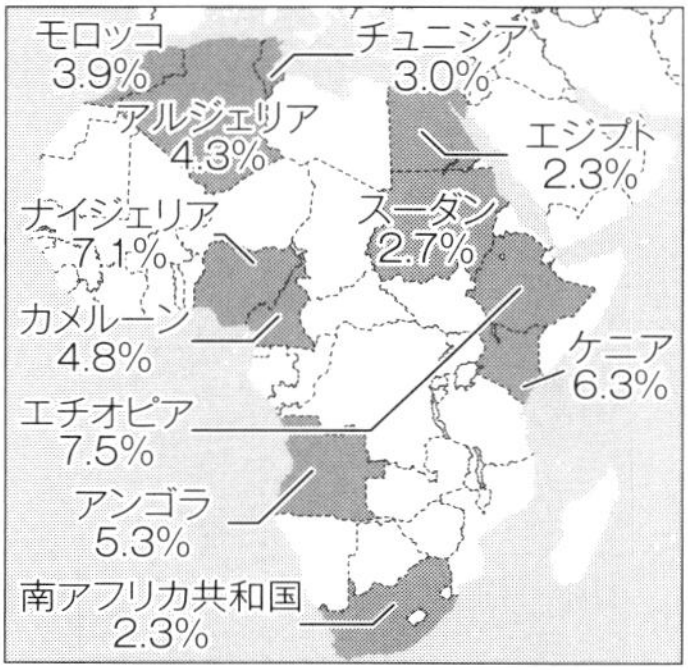

図 5-3　アフリカ主要国の実質経済成長率（2014 年） 停滞に苦しんできたアフリカ各国にも近年、成長の波が訪れつつある。ただし、どの国の中にも著しい格差が存在していることは見落とせない（参考）『世界国勢図会 2014/15 年版』

かなりの部分を充てていた国も多々ありました。しかし、各国は近年、先進諸国との交渉によって、対外債務を大幅に減らすことに成功しています。

　こうした要因が重なり、近年、高い経済成長率を実現する国が出現しています。たとえば、一億七〇〇〇万人強というアフリカ最大の人口を抱えるナイジェリアは、巨大な市場規模、高等教育を受けた人材の豊富さ、原油や天然ガスといった資源の存在などによって、今後さらに経済成長が進んでいく可能性が高い、とされています。

　また、アフリカ南部のボツワナは、特産品のダイヤモンドなどで得た収益を、国内のインフラ整備や産業育成などにつぎ込むことで、着実な経済成長を続けています。ボツワナは、汚職が非常に少なく、外国から進出した企業の事業環境がよいことでも知られています。

　こうした国々も現状では、国内の天然資源を開発し、それを売って外貨を稼ごうという動きが主流です。しかし、資源がない国の、あるいは資源枯渇後の将来を見据えての、新たな経済モデルを作ろうとするケースも出てきています。

東アフリカの内陸部にある小国ルワンダは、アフリカの金融市場の核となるべく、企業の事業環境を改善するため、行政手続きの電子化をはかるなどの努力を続けています。またこの国では、並行して情報通信技術（ＩＣＴ）産業も発展し、多くの新興企業が誕生していま す。近年のルワンダは、成長の勢いが著しく、「アフリカのシンガポール」というあだ名までつけられている程です。

その一方で、アフリカの多くの国では、治安の悪さという懸念材料があります。

二〇一三年一月、アルジェリア北東部イナメナスの天然ガス精製プラントが襲撃され、日本人を含む多くの人々が犠牲になったのが、その典型例です。またナイジェリアには、「ボコ・ハラム」と呼ばれる反政府組織などがあり、住民への襲撃・拉致《らち》といった多くの事件を起こしています。こうした事態が拡大すれば、成長に歯止めが掛かる恐れもあります。

◆バングラデシュの発展

他方、アジアでも、バングラデシュのように、近年その成長が注目される新たな国が現れ

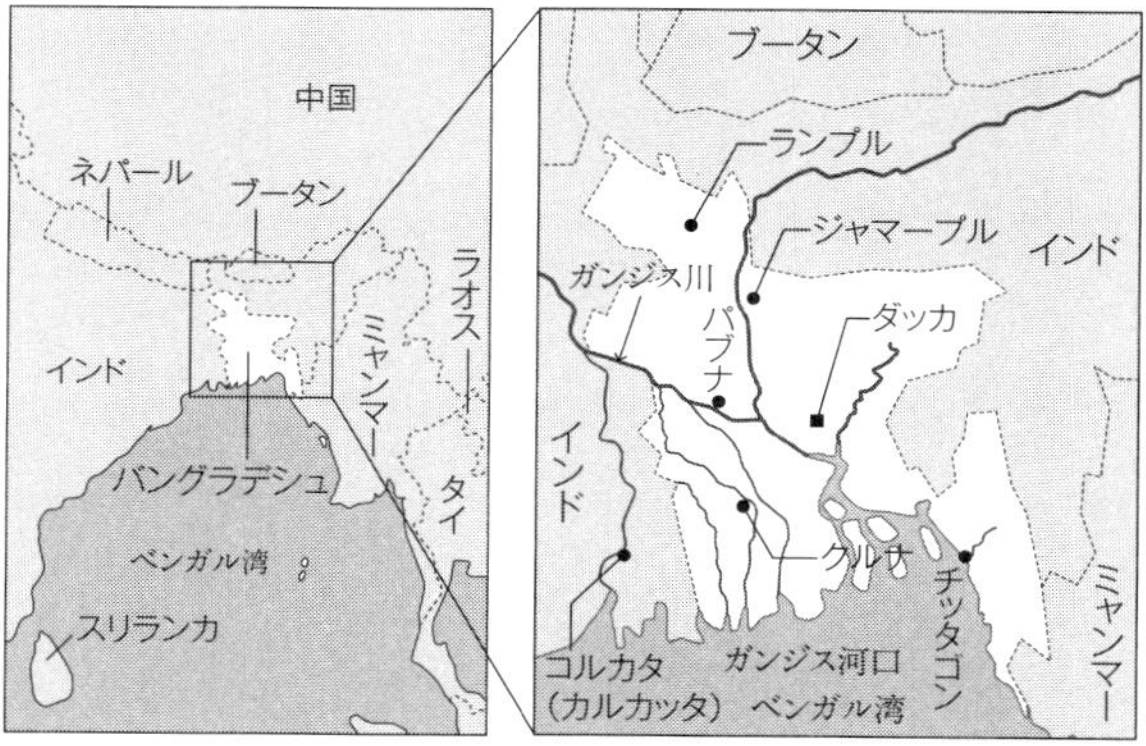

図 5-4　バングラデシュ　首都ダッカの周辺地域などにアパレル産業が集積し、この国の経済成長を牽引している。海外からの援助によらない途上国の発展事例として注目されている

ています。そこでは、安価で質の高い製品を作る衣料品（アパレル）メーカーが多数登場し、経済が一気に活性化したのです。バングラデシュの実質経済成長率は、二〇一四年の数字で、六・〇パーセント程度になると予測されています。

ちなみにその大きなきっかけは、一九七〇年代末に韓国の大宇《だいう》社《しゃ》が、現地企業と技術提携をしながら、輸出用のアパレル製品の生産を計画したことにあった、といいます。当時、バングラデシュにはアパレル企業がありませんでした。そこで大宇社は、一三〇名前後に及ぶバングラデシュ人の大卒新入社員を自社に呼び寄せ、縫製の仕方、品質の管理方法、マーケティング戦略の立て方といった、多くのノウハウを教え込んだのです。

ところが数年の間に、そのとき派遣された新入社員のほぼすべてが退社・独立し、自分たちでアパレル関連企業を立ち上げます。結果的にそれが、バングラデシュの現在のアパレル産業隆盛に結びついた、というのです（『なぜ貧しい国はなくならないのか』）。

何かのきっかけがあり、それがその国の状況にうまく適合すれば、たとえ援助を受けなくても、途上国自身の力で発展を始められることを、このケースは示しています。

◆最底辺の一〇億人

このように、経済発展の続く途上国が目立ち始めた一方で、世界には、依然として貧困に苦しむ国、そして人々が存在しています。腐敗した政府が統治を行っているなど、さまざまな理由によって発展が止まったままの国も多く、さらに、成長を始めた国々の中でも、国内の深刻な経済格差によって、多数の人々が貧困に苦しんでいます。

本章冒頭で、二〇〇八年の段階で、貧困層の人々の数が約八億五〇〇〇万人にまで減ったことを紹介しました。ただしこの数字には、貧困層を一律に一日の収入が一ドル未満の人々とするのがよいのか、そうした人々の数をきちんと調べられるのか、などいくつかの問題点も指摘されています。要するに世界には、今も「最底辺の一〇億人」と呼ばれる一〇億人前後の貧困者が存在し、経済的な貧しさゆえに、多くの苦しみを味わっているのです。

貧困層の人々について、ジャーナリストのジェレミー・シーブルック氏は、著書の中で、たとえば次のような状況を紹介しています（『世界の貧困』）。この本は、二〇〇三年の刊行であり、現在までに変化した数字もありますが、概況は今も変わっていません。

・世界で八億四〇〇〇万人以上が栄養不良の状態にある
・毎年六〇〇万人の五歳未満の幼児が、栄養失調のために命を落としている
・途上国では、一〇〇〇人中九一人の子どもが、五歳未満で死亡している
・毎年一二〇〇万人が、水不足によって命を落としている。一一億人が浄水を手に入れることができず、二四億人が、きちんと機能するごみ処理システムなどの適切な衛生施設なしで生活している
・四〇〇〇万人がエイズ（後天性免疫不全症候群）で苦しんでいる
・途上国にいる一億一三〇〇万人以上の子どもが、基礎教育を受けていない。そのうち六〇パーセントは女児である
・女性は、貧困の最下層に置かれ、一日一ドル未満で生活する絶対的貧困層の七〇パーセ

ントは女性である

◆発展を妨げる「罠」の存在

こうした状況は、国自体の貧しさと、国内の格差の両方が、その原因となっています。もちろん後者の格差問題にも注視が必要ですが、国全体が豊かになれば、中国のように、貧困層の人々を減らしていくことも可能になります。そこでここからは、充分な発展を遂げられない国々の問題点について見ていきましょう。

これに関して、オックスフォード大学のポール・コリアー教授は、途上国の経済発展を妨げる「罠《わな》」を紹介しています。それが、①紛争の罠、②天然資源の罠、③内陸国の罠、④小国における悪いガバナンス（統治）の罠、という四種類の罠です（『最底辺の10億人』）。

①は、隣国などとの戦争や内戦が、途上国の発展を妨げるケースです。

②は、天然資源があるがゆえに発展ができないというケースで、やや意外に思うかもしれません。これは④とも密接に関わっていますが、政府が、原油などの資源を売って得た資金を、自国の産業を発展させるために使うのではなく、自分の部族や出身地の人々などといった支持層にばらまくことで、政権を維持し、そのために発展が阻害されてしまうのです。さ

らに、資源を売ったお金が国内に流入することで、その国の物価が上がり、低所得の人々の暮らしをさらに苦しくする、ということもしばしば起こります。

③は、国内で生産された農・工業製品を輸出したり、物資を輸入したりするための港を持っていない内陸国は、それらを運ぶために、周辺国の道路を通らなければならないことから生じる問題です。そうした国では、周辺国で、道路などのインフラが整っていなかったり、紛争が起きたりした場合、輸出入品の運搬が難しくなります。港を持っていない内陸国では、自国の発展が、隣国の状況次第になってしまうこともあるのです。

④は、きちんとした経済政策を立案し、それを実施する能力のない政府を持った国の悲劇です。先程、ボツワナやルワンダの成功例を紹介しました。あるいは、シンガポールのように、資源を持たない東南アジアの小国が、英語教育を始めとする先端的な教育政策を導入し、金融・情報立国政策を取るなどしたことで、めざましい経済発展を遂げた例もあります。しかし、発展できない途上国の政府では、これとは逆に、国の資金や人材を誤った方向に投入しているケースが多く見られるのです。

◆悪い統治の罠――ジンバブエのケース――

四つの罠は、さまざまな途上国に当てはまります。ここでは、悪いガバナンスの罠の事例として、アフリカ南部、ジンバブエのケースを見てみましょう。

ジンバブエは、アパルトヘイト（人種隔離政策）を行っていた「ローデシア」の白人政権を倒し、旧宗主国であったイギリスとの交渉の後、一九八〇年に独立を果たした国です。独立後は、ゲリラ闘争の主体であったジンバブエ・アフリカ民族同盟（ZANU）のロバート・ムガベ氏が、国家の指導者となっています。

ジンバブエの経済は、独立後の一〇年程の間、安定を続けます。とりわけ農業は順調で、農産物の輸入も盛況。一九九五年の段階で、この国の輸出総額約二〇億ドルのうち、六億ドル前後が農産物でした。そこでは、大規模経営の白人農家が、全農地の約二〇パーセントを所有し、国民の大半を占める黒人零細農家が、それ以外を保有していました。政府は、この黒人零細農家の生産性を上げるため、一軒一軒の農家を自転車で回って地道な農業指導をする三四〇〇人程の「農事普及員」を全土に送り込む、といった努力もしています。

しかし一九九〇年代に入ると、ムガベ政権の中で指導者たちの腐敗が深刻化し、彼らは同時に、よき統治への熱意を失ってきました。ジャーナリストの松本仁一《じんいち》氏によれば、一九九〇年代後半以降、ムガベ政権は三つの大きな政策上の失敗をした、といいます。それが、①政権への批判を抑えるために実施した、元解放闘争ゲリラたちへの巨額の年金支給、②利害関係が明らかでなく、隣国でもないコンゴ民主共和国（旧ザイール）への四年間にわたる大規模出兵、③白人農家の農地の強制的な接収です（『アフリカ・レポート』）。

この三つの失策によって、ムガベ政権は、農業を始めとする自国産業を育てるための大切な資金を浪費します。さらに、輸出用のタバコや大豆、オオムギのほとんどを栽培していた白人農家の多くを崩壊させ、接収した農地の整備も怠りました。多くの貴重な農地が、耕されることもないまま、荒れていったのです。さらに、白人農家に雇用されていた人々の多くも、職を失いました。

一九九〇年代後半、ムガベ政権は、多くの失策によって国家財政が危機に陥ります。こうした状況の下で、ジンバブエ・ドルの通貨価値が急激に下がり、外国通貨との間の為替《かわせ》相場が暴落し、国内の物価は急上昇しました。急激なインフレが、この国を襲ったのです。

二〇〇六年初頭以降の段階では、月間インフレ率が一〇〇〇パーセント前後を推移します。これは物価が、一か月後には一一倍程に増えてしまうという異常な事態を意味しています。

こうした状況の中、成果を上げていた農事普及員たちも、次々に職場を去っていきました。

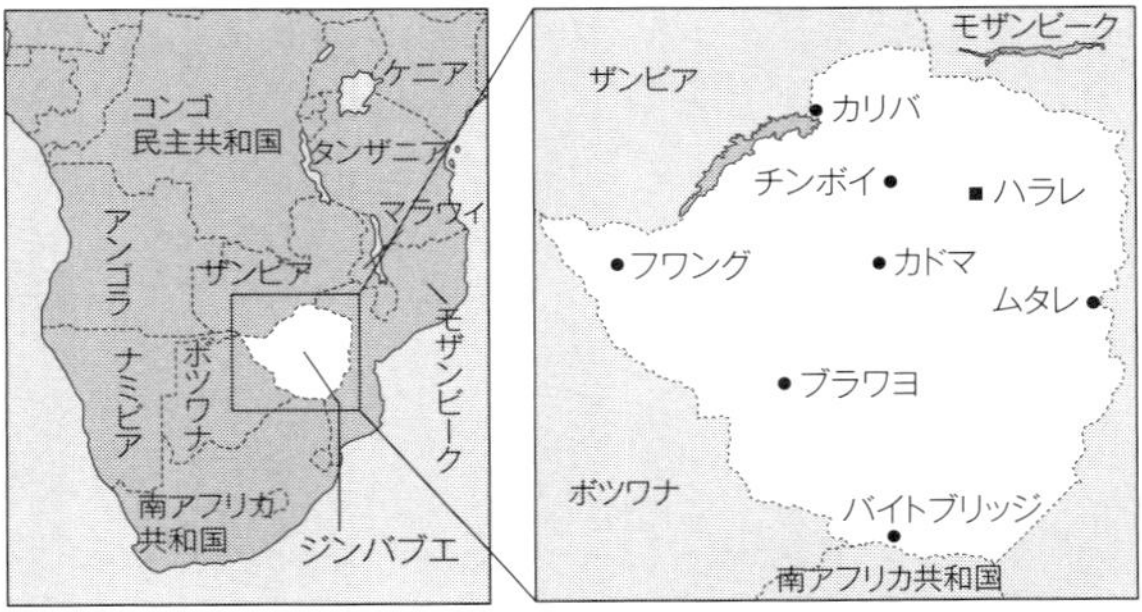

図 5-5　ジンバブエ　日本よりやや大きいくらいの国土にはかつて、豊かな農地が広がり、独立後も 10 年ほどの間、政府の財政を支えていた。しかしその農地の少なからぬ部分が、ムガベ政権の失策によって失われている

激しいインフレにもかかわらず、彼らの給料がなかなか上がらなかったからです。

二〇〇七年六月、ムガベ政権はインフレの激化を抑えようと、「価格半減令」を出しました。すべての商品を半額にするよう、国内の企業や商店に命じたのです。しかし、これは逆効果を生みます。多くの商店は、商品を店頭から引っ込め、それらを闇《やみ》取引で売るようになったのです。

その結果、価格半減令の出た翌七月には、月間インフレ率が、中央銀行の発表値で七六三四パーセントという驚くべき数字を記録しました。

さらに二〇〇八年も、超高率のインフレ状態は続き、年間インフレ率はなんと五〇〇〇億パーセント前後にも上ってしまいました。この前後から、人々は、ジンバブエ・ドルを使うのを徐々にやめ、インフレの影響を受けにくい米ドルや南アフリカの通貨ランドを使用するようになっていきました。

そして二〇一五年六月には、ジンバブエの中央銀行が、ジンバブエ・ドルの廃止を決定。ジンバブエ・ドルを米ドルに両替し、回収すると発表しました。中央銀行も、あまりに激しいインフレに、打つ手がなくなったのです。

ただし近年では、農業分野での発展が少しずつ始まっている、ともいわれています。

ちなみに、ムガベ政権が白人農家の農地を強制接収した背景には、白人の農地所有者とアフリカ人の購入希望者との間で行われる農地売買に対して、資金援助するはずだったイギリスが、ブレア政権下の一九九七年に支援を打ち切ったこともありました。

しかしムガベ政権が、現在までの長い統治期間中に、多くの誤った政策を取り、それらが国の経済成長を阻害し、国民生活を大混乱に陥れたことは明らかだ、とされています。

◆援助は本当に必要か

現在、先進国や国際機関などから、貧困に苦しむ国や地域に対して、多くの援助が実施されています。

たとえば二〇一三年には、途上国に対して、アメリカが約三一五億ドル、イギリス約一七九億ドル、ドイツ約一四一億ドル、日本約一一八億ドル、フランス約一一四億ドルの政府開発援助（ODA）を供与しています。それ以外の先進国の多く、あるいは中国なども、金額に差はあれ、ODAのために資金を拠出しています。

しかし近年、途上国への援助をめぐって議論が起きています。外国からの援助は、本当に途上国の発展に役立っているのだろうか。そもそも援助は必要なのだろうか。そうした問いに対して、研究者や実務家など援助に関わる人々から異なる意見が出されているのです。

一方の意見は、援助は重要であり、しかもその金額はさらに増やしていかなければならない、とするものです。その代表的な論者の一人、ハーヴァード大学のジェフリー・サックス教授は、二〇〇五年の著作『貧困の終焉』の中で、二〇〇六年に先進各国が一三四〇億ドル（約一三・四兆円）のODAを供与するのを皮切りに、一五年の一九五〇億ドル（約一九・五兆円）に至るまで、ODAの規模を徐々に増やしていくべきだ、と主張しています。

その資金を、食糧生産、必要な栄養の供給、教育、医療、飲料水と衛生設備の提供、道路や電力生産・供給網などのインフラ整備などに振り向けることで、途上国を成長軌道に乗せることができる、と彼は説いたのです。

ただし実際には、二〇一五年までの間に、それだけの資金が集まることはなく、いまだに貧困状態にある途上国はたくさんあります。

とはいえ、先進諸国や国際機関などが資金的・技術的な援助をすることで、途上国の経済状況を大きく改善することができるという考え方は、多くの援助関係者の中核的な思想の一つです。サックス教授はその中でも、膨大な援助資金を一気に投入することで、短期間のうちに途上国を発展へと導くことができる、と主張したことで注目されています。

◆援助の多くは意味がない？

これに対して、ほとんどの援助は意味がなく、有害なものですらある、と主張する論者もいます。

たとえば、世界銀行などで援助に携わった経歴を持つニューヨーク大学のウィリアム・イースタリー教授は、途上国に対して、安易に援助を行ったり、返済できなくなった債務を減らしたりすることには、問題も多いと語っています。途上国には、援助や債務の削減をしても、それによって得た資金を、自分たちに都合よく使ってしまう政権・政府も多く、そこでは、せっかくの援助も、本当に困っている貧しい人々には届かない、というのです（『エコ

ノミスト　南の貧困と闘う』）。

彼はその例として、西アフリカのコートジボアールのケースを紹介しています。

一九七〇年代、この国は、コーヒーやカカオの生産国として、多くの収入を得、政府の財政事情も安定していました。しかし七九年になると、コーヒーやカカオの国際価格が急落し、政府の歳入が激減したのです。にもかかわらず、政府は巨額の政府支出を抑えようとしませんでした。それどころか、内陸部の小都市ヤムスクロに、巨額の資金を投じてインフラ整備を行い、八三年には、行政組織もろくに整っていないこの街を、強引に首都に定めます。その理由はよくわかっていません。現在でも、コートジボアールの行政や経済活動の中心は、以前の首都アビジャンのままです。

こうした政府の過剰な支出は、インフレを招きます。それによって、旧宗主国フランスのフランに連動していたこの国の通貨の対外価値は、結果的に二倍近くに上がってしまいました。これは、外貨を稼いでいた輸出品の価格が上がることを意味しています。コーヒーやカカオなどの輸出品は売れなくなり、政府の歳入はより一層減ってしまいました。

コートジボアール政府は、事態を切り抜けるため、世界銀行や国際通貨基金（ＩＭＦ）、フランスなどから融資を受けます。そのため、一九七九年の時点で六〇パーセントだった対

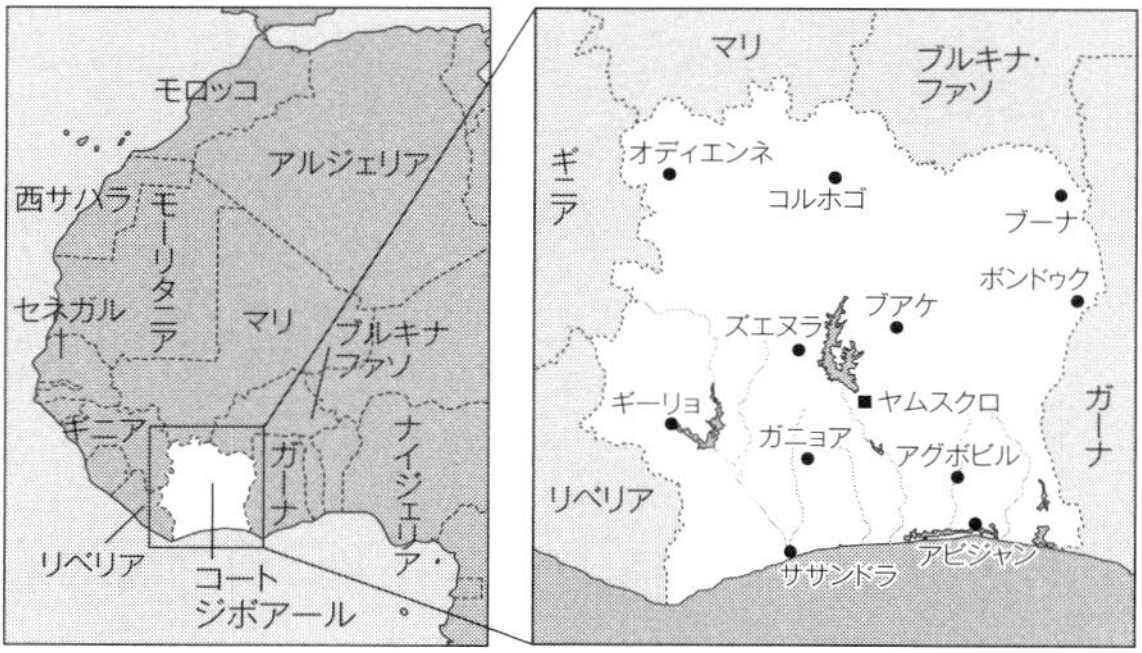

図5-6　コートジボアール　政府の強引な新首都建設は、この国に大きな経済的負担を与えたにもかかわらず、首都機能の多くは現在でも旧首都アビジャンに残っている

外債務の対GDP比は、九四年には一二七パーセントにまで膨らんでしまいました。

しかしこうした資金は、経済を立て直し、国民の窮状を救うためには役立てられませんでした。一九七九年から九四年までの間に、この国の平均所得は半分近くにまで減ってしまったのです。ここでは援助が、いい加減な政策のために使われ、債務の倍増という結果まで招いてしまったことになります。

もちろんイースタリー教授も、すべての援助をなくすべきだとは言っていません。無責任な政府から、よき統治をする政府へと変わることが確実であり、その逆となる可能性がない、という条件に合致した国であれば、債務の削減などの援助が有効だ、と彼は述べています。

しかし実際には、この条件を厳密に当てはめようとすれば、援助が可能になる途上国の数は、大幅に減ることになるでしょう。

◆国際機関への批判

援助を実施する国際機関などのやり方を批判する意見もあります。

そうした論者の一人であるコロンビア大学のジョセフ・E・スティグリッツ教授は、IMFを例に挙げて、その厳しい融資条件が、融資を受ける途上国の経済に悪影響を及ぼすこともある、と述べています（『世界を不幸にしたグローバリズムの正体』）。

IMFは、貿易赤字の拡大などによって経常収支が悪化し、その国の通貨の対外価値が急激に下がったり、国内で深刻なインフレが起きたりしたため、経済危機に見舞われた国などに対して、援助を実施する国際機関です。具体的には、国内経済を安定させるための融資や、対処法のアドバイス、その国の経済状況の監視などを行います。

しかしそこでは、物価上昇率や経済成長率、失業率といった、健全な経済のために重要な指標だけでなく、その国の経済状況を改善することとは直接関係ない、通貨供給量などのような数字をも監視し、IMFの課した目標を達成することが強く求められます。さらにその達成期間は、三〇日間、あるいは九〇日間といったように、厳密に定められます。ときには、そのためにどのような法律をいつまでに議会を通過させなければならない、ということまで、融資を受ける国は約束させられます。

IMFの途上国支援に対しては、どの国に対しても、似たような達成目標を要求するケースが多い、という批判があります。その結果、IMFによって課された条件が、その国の経済成長には望ましくないこともしばしばある、とスティグリッツ教授はいうのです。

◆支援する分野を限定する

一方、援助は増やすべきか、逆に不要なのかといった大雑把《おおざっぱ》な議論ではなく、その国にとって効果的な開発戦略を考え、援助を含む開発資金をそこに向けて投入することが大切だとする、より現実的な意見も多くの関係者から出されています。

たとえば政策研究大学院大学の大塚啓二郎特別教授は、政府の限られた資金や援助を、民間では解決できない分野に、効率的に配分していく必要がある。ただし、どこに配分していくべきかは、充分に明らかになっておらず、それを見つけることが開発経済学のこれからの課題だ、という趣旨の発言をしています（『なぜ貧しい国はなくならないのか』）。

とはいえ、資金を配分すべき分野が明らかなものもあります。教育やインフラへの投資が、その典型例です。外国から、工場建設を始めとする商業投資が行われ、国産製品の輸出によって多くの外貨を稼ぐことが可能になるためには、途上国側が、国内で道路やエネルギー供給網などのインフラを整え、良質な労働力を提供できるように自国民の教育水準を高めていく必要があるからです。

さらに大塚教授は、その国の発展段階によって、重点的に支援すべき分野は異なる、とも述べています。途上国には、教育水準が低く、高度な技術を持たない、多くの貧困層の人々がいます。そのため、国の経済を成長させ、貧困を削減するためには、仕事内容が比較的単純で、しかも多くの労働力を必要とする「非熟練労働集約的」な産業を発展させる必要があります。具体的には、繊維産業、アパレル産業、革靴産業、食品加工、家具製造、金属加工業などといった分野です。政府は、こうした産業を重視し、それによって多くの被雇用者を生み出すべきだ、というのです。

ところが実際には、多くの資金と技術が必要となる「資本集約的」な重化学産業などを育成しようと考える、途上国の政府もたくさんあります。しかしその場合、多くの非熟練労働者が雇用されることはなく、貧困者を激減させる効果は期待できません。さらに、近代産業の基盤が根付いていない途上国で、一足飛びに重化学工業を育て、それをうまく運営し続けられるかどうかは、わかりません。

ただし、電子部品の製品などでは近年、非熟練労働者でも従事できるよう、作業が単純化された部分もあるといいます。ですから、途上国が支援すべき産業を、一律に限定することはできませんが、それでも、途上国は、自国の身の丈にあった雇用を生み出す産業に、力を入れるべきだ、という大塚教授の主張は、強い説得力を持っているように思われます。

ともあれ、ここまで見てきたように、世界には依然として多くの貧困層の人々が存在すること。途上国の中でも、成長を開始した国と、停滞を続ける国の両方があること。停滞する国に対して、多額の援助を供与することが正しいかどうかについては、さまざまな意見があること。援助をする際には、どの国に対しても一律の基準を当てはめるのではなく、その国の発展にとって本当に役立つ分野に、適切な方法で実施することが重要であること、を私たちも知っておく必要があるでしょう。

貧困をなくすことは、世界にとって非常に重要な課題です。しかし、その方法については多くの意見の違いがあり、私たちはそれらの適否を見きわめながら、この問題に取り組んでいかなければならないのです。

第6章　グローバリゼーション――その実態を探る

◆急拡大する自由貿易圏

近年、グローバリゼーションが進展する中で、世界の貿易規模が急拡大しています（図6-1）。その背景には、各国間のモノやサービスの貿易などを妨げる関税や各種の規制を削減・撤廃することで、自由な貿易を拡大していこうとする交渉が、世界規模で進んでいることがあります。

他の国や地域と交易することで、自国を豊かにすることができるという考え方は、古代からありました。しかし、自由貿易を推進すべく、世界的努力が始まったのは、おもに第二次世界大戦以降のことです。第二次世界大戦に至るきっかけの一つが、各国の築いた「ブロック経済」にあったため、そうした事態の発生は極力回避しなければならない、と多くの人々が考えたのです。ブロック経済とは、本国と植民地などの間で築かれた経済圏を「ブロック」とし、高率の関税などによって、ブロック外との自由な貿易等を妨げる経済体制を意味しています。戦争終結後まもなく、アメリカを始めとする主要各国は、関税などの貿易障壁

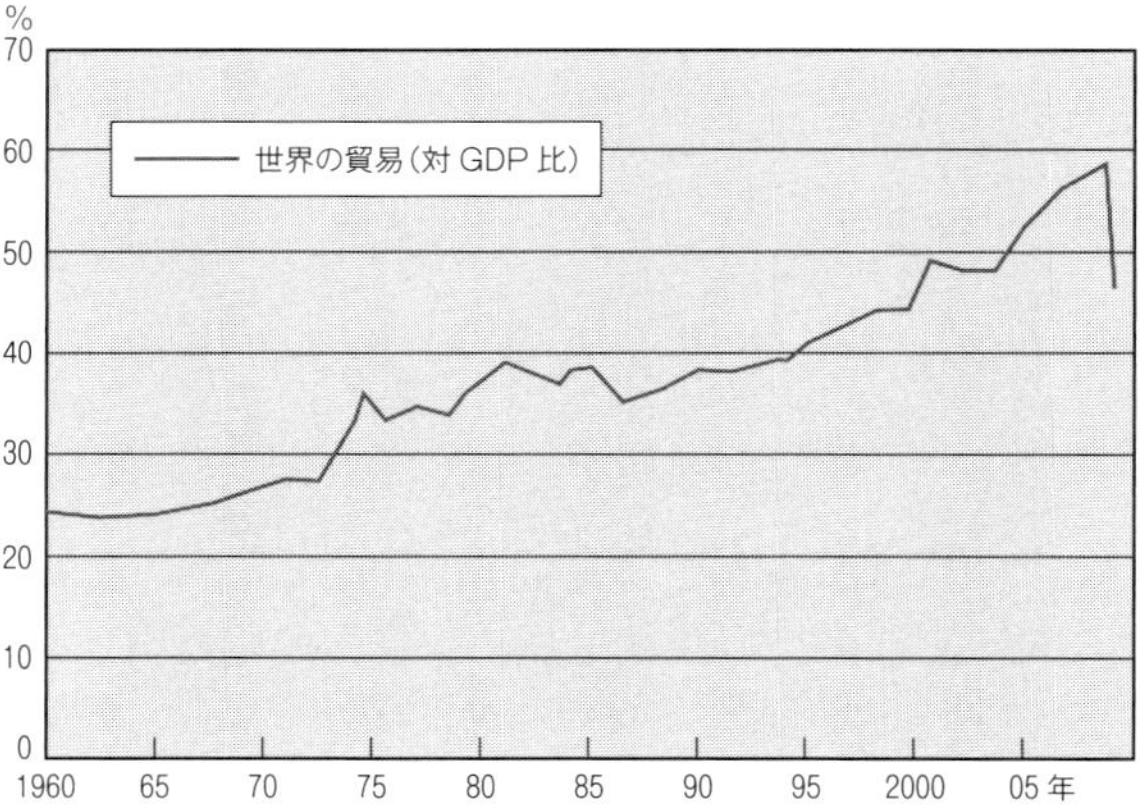

図 6-1　世界の貿易額の対 GDP 比　世界経済における貿易の割合は概ね上昇傾向にある。これは経済の緊密化・一体化が進んでいることを意味している　（参考）『国際政治学』（資料）世界銀行データ

を引き下げるための話し合いを始めました。

そこから生まれたのが、「関税及び貿易に関する一般協定（GATT）」と呼ばれる取り決めでした。GATTにおいては、多くの多角的貿易交渉などが実施され、関税だけでなく、関税以外の「非関税障壁」の撤廃、サービス貿易の円滑化など、さまざまな課題が検討されました。その結果、関係国間で関税が引き下げられるといった変化も起きています。

さらに一九九五年には、GATTに代わり、国際機関である「世界貿易機関（WTO）」が発足し、加盟国間でさらなる交渉が行われます。しかしWTOは、加盟国が二〇一五年五月現在、一六〇か国以上とい

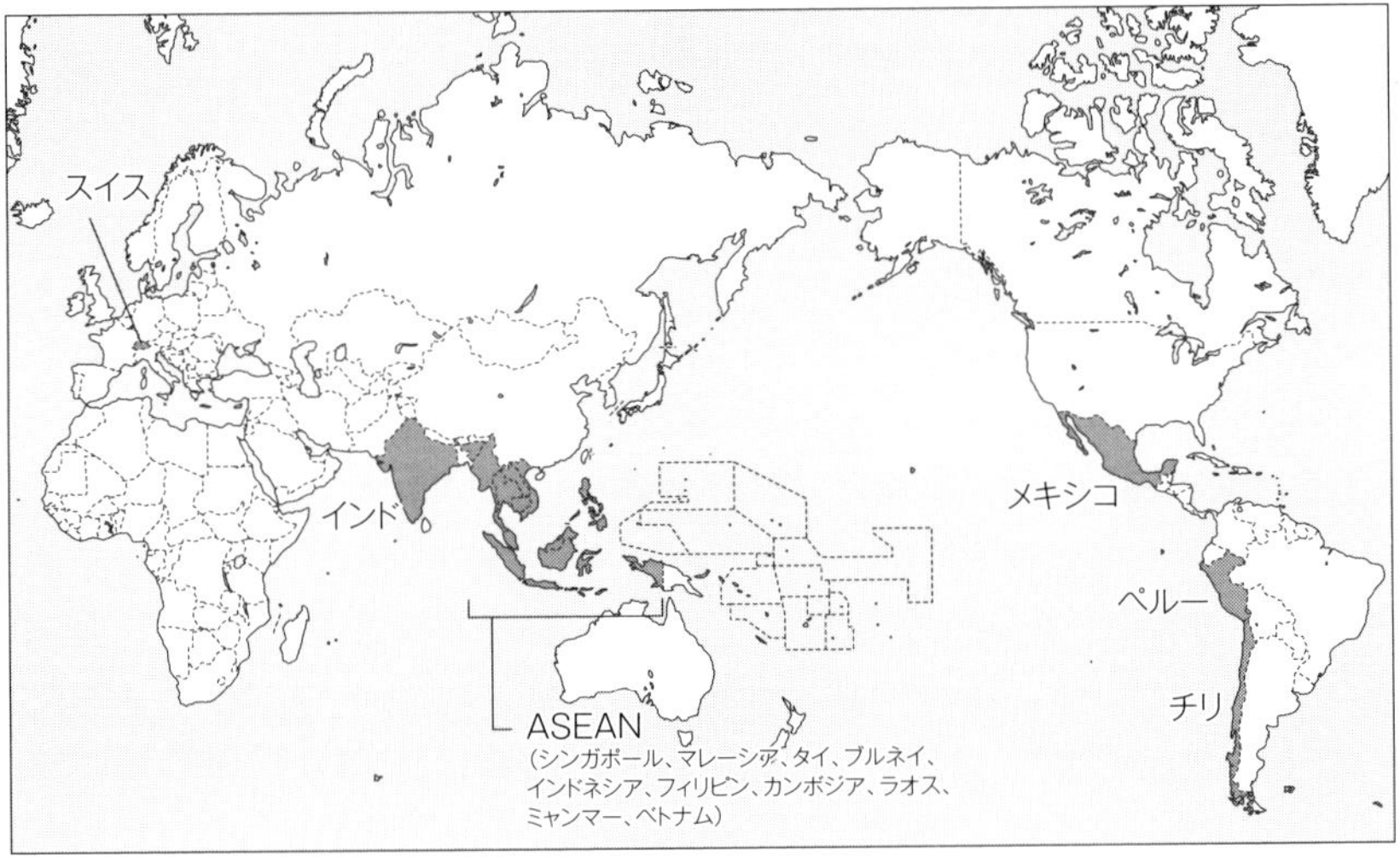

図6-2　日本が自由貿易協定（FTA）を結んでいる国・地域（2014年11月時点）　日本は15か国（ASEAN 10か国との包括協定を含む）との間で、「自由貿易協定（FTA）」の形態で「経済連携協定（EPA）」を締結している（参考）「世界と日本のFTA一覧」

う大所帯。世界規模で交渉を行わざるを得ないため、高度な自由化の実施を決めることが難しいこと。グローバリゼーションの負の側面を問題視して交渉に反対する、大規模な反対運動が起きるようになったこと、などから貿易自由化を進めるための合意を、締約国が短期間のうちに成し遂げることは次第に難しくなっていきました。

代わって近年、活発化しているのが、同じ地域内で、あるいは地域横断的に、「自由貿易協定（FTA）」などの「経済連携協定（EPA）」を締結しようという動きです。

FTAは、モノの輸入に掛ける関税やサービス貿易への障壁などを、減らしたり、なくしたりするための取り決め。EPAは、FTAも含み、規制の撤廃や、関係国間の経済制度の共通化なども目指す、貿易・投資の拡大のためのより大きな枠組みです。

こうした協定の規模は、急速に増えています。たとえばFTAを見ると、一九九九年以前の段階で七七件だった協定の発効件数が、二〇一四年一一月時点では二六六件にまで増加しています（「世界と日本のFTA一覧」）。

ちなみに日本では、同じく二〇一四年一一月の時点で、東南アジア諸国連合（ASEAN）加盟一〇か国を含む計一五か国との間でFTAを締結しています（図6-2）。さらに今後、より多くの国・地域との間でEPAが結ばれる可能性があります（図6-3）。

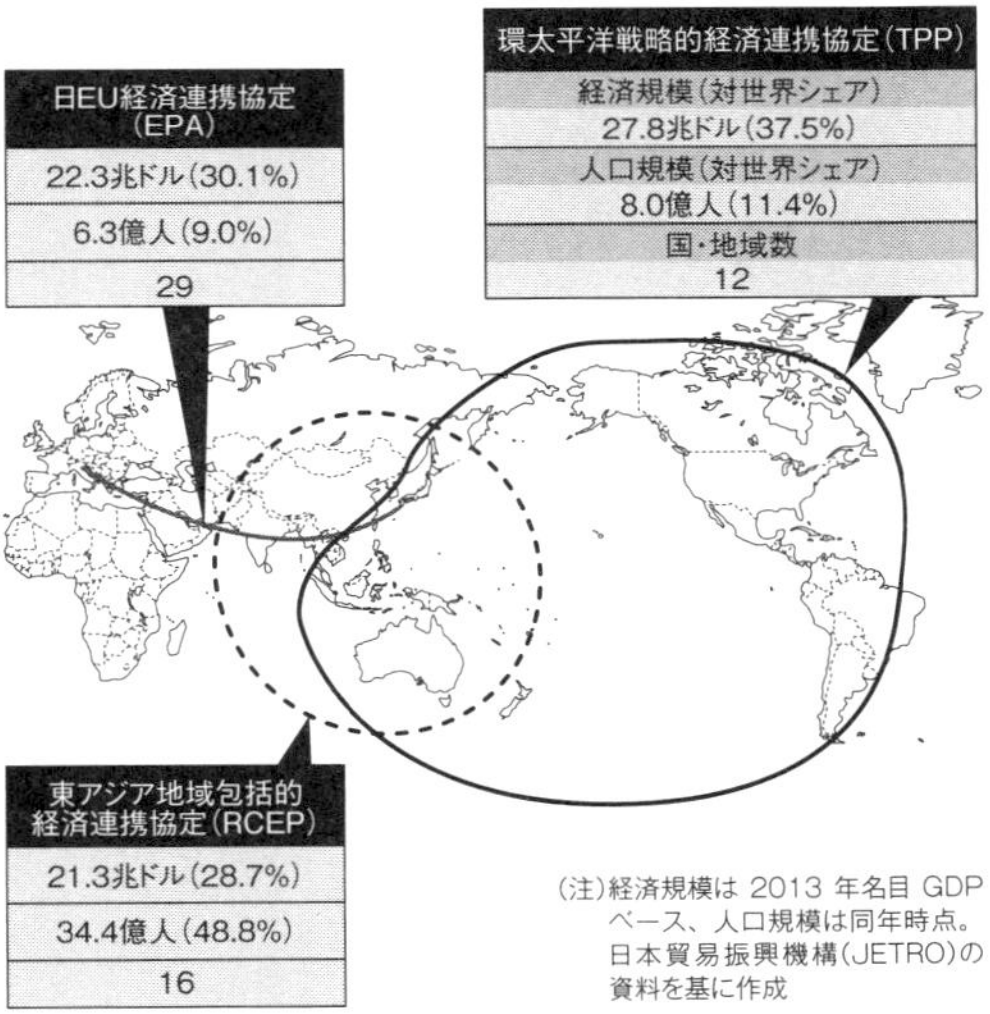

(注)経済規模は 2013 年名目 GDP ベース、人口規模は同年時点。日本貿易振興機構(JETRO)の資料を基に作成

図6-3　今後、日本が締結する可能性のある経済連携協定(EPA)　EU との EPA 交渉や、アメリカなどとの TPP（環太平洋戦略的経済連携協定）協議、カナダやコロンビア、トルコなどとの個別の FTA 協議も進みつつあり、日本の経済連携協定は世界のかなりの部分をカバーする可能性がある（参考）日本経済新聞 2015 年 4 月 18 日付朝刊

◆東アジアでの地域統合

もう少し詳しく見てみましょう。日本を含む東アジアとその周辺地域でも、他の地域同様、自由貿易の促進などを主眼とした「地域統合」と呼ばれる動きが進んでいます。

その代表的なものに、①東アジア地域包括的経済連携協定（RCEP）、②アジア太平洋経済協力会議（APEC）、③環太平洋戦略的経済連携協定（TP

P）などがあります。

①は、ASEANが、日本、中国、韓国、インド、オーストラリア、ニュージーランドの六か国と結んだ五つのFTAを束ね、合計一六か国の間でモノやサービスの貿易自由化、投資の自由化などを進めていこう、という動きです。二〇一五年五月までの時点で、参加国による七回の交渉会合が開かれています。

②は、自由で開かれた貿易・投資を実現しようという、法的な強制力を伴わない、各国政府間の緩やかな協議・協力の場です。日本、アメリカ、中国、韓国、ロシア、オーストラリア、ASEANの中の主要七か国、カナダなど、太平洋に面した二一の国・地域が参加しています（図6－4）。一九九六年以降、毎年、各国の首脳級が集まる会合が開かれています。

③は、日本でもしばしば報道され、多くの関心が集まる問題です。これは、二〇一五年五月時点で、日本、アメリカ、カナダ、オーストラリア、マレーシア、ベトナムなど一二か国が交渉に参加している、自由貿易を進めるための取り決めのことです。

交渉では、モノやサービスの貿易自由化から、投資や競争の促進政策、特許権などの知的財産権、政府のモノやサービスなどの調達、環境保護や労働問題に関するルール作りなどに至る、幅広い分野での話し合いが行われています。

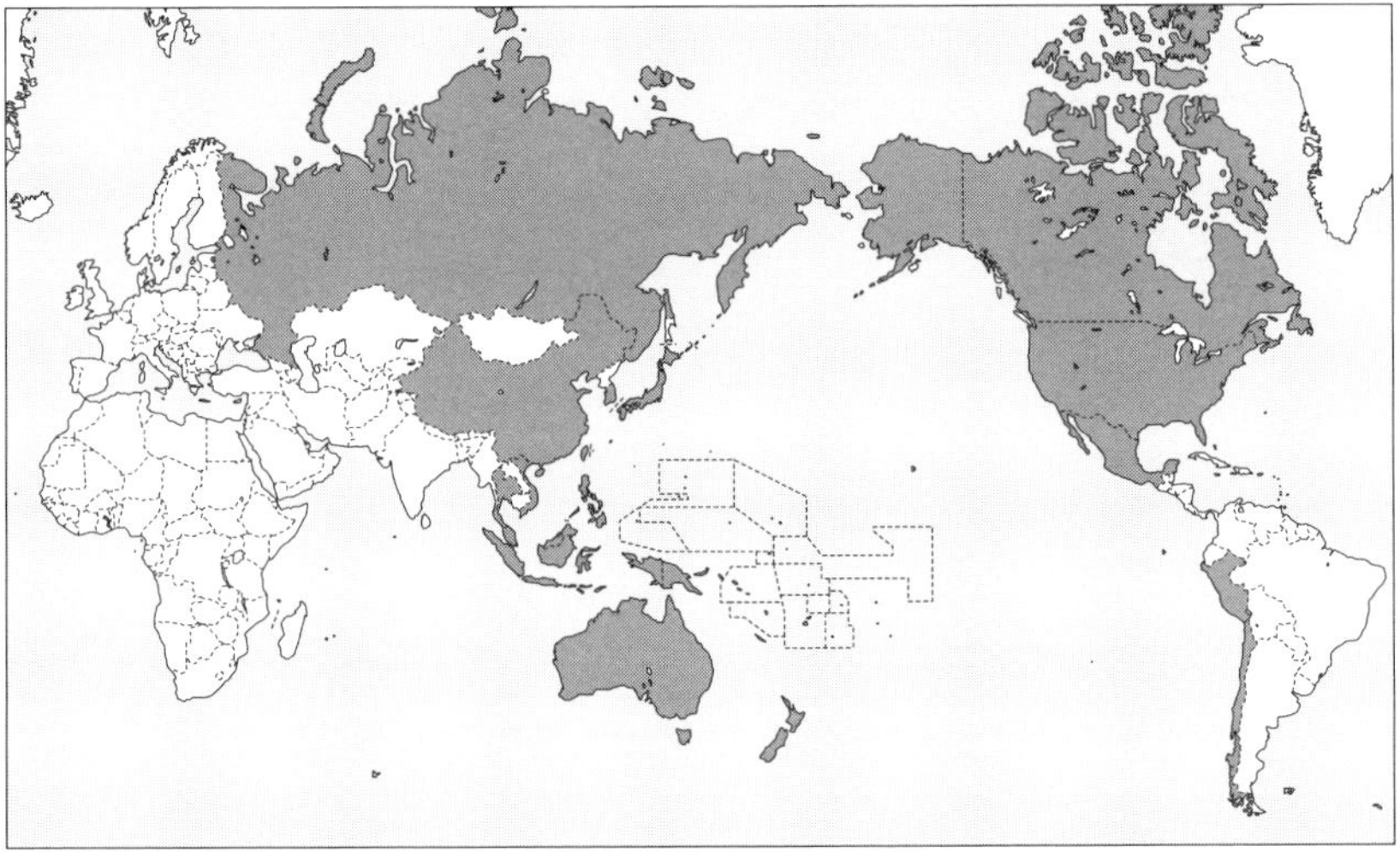

図 6-4　アジア太平洋経済協力会議（APEC）の参加国　法的強制力を伴わない、各国政府間の緩やかな協議・協力の場。太平洋に面した 21 の国・地域が参加している

中でも、日本で注目されている分野の代表は、農業の自由化問題です。とりわけ、コメ、麦、牛・豚肉、牛乳・乳製品、サトウキビなどの甘味資源作物は、交渉における「重要五品目」と位置づけられ、日本政府がどの程度までの輸入自由化を認めるかを、関係者は注目しています。

これら五品目は、日本の食生活を守る上で重要だというだけでなく、国内と海外のいわゆる「内外価格差」が大きく、安い輸入品に対して高率の関税を掛けないと、国産品の多くが売れなくなってしまう、ともいわれています。これに関して農林水産省は、二〇一〇年に発表した試算の中で、TPPに参加した場合、実質的に、国産米の三二パーセント、小麦の九九パーセント、大麦の七九パーセント、豚肉の七〇パーセント、国産バターと脱脂粉乳のほぼ全量、が外国産に置き換わるだろう、と予測しています（『農業問題』）。

しかし、この数字を疑問視する関係者もたくさんいます。日本人の味覚に合う農産物を、日本に輸出できる国・地域はそれ程多くないし、その輸出可能な量も限られている。逆に、農業の輸入自由化が進み、それに合わせて国内の制度が変わっていけば、日本の農家の形態や意欲にも変化が起こり、農産物の輸出も拡大していく可能性がある、というのです。

またこの問題は、食の安全性や国土の保全といった観点からも議論がなされ、多くの研究者などが意見を述べています。

またTPPに関しては、関係国の企業が不利を被った場合に、相手国を訴えることができる「投資家対国家紛争解決（ISDS）条項」を問題視する声もあります。

今後、日本政府は、自らの主張を反映させつつも、TPP交渉をなんらかの形で妥結させることになる可能性が高いでしょう。それによって日本は、大きな経済的利益を得るのか、深刻な負の影響を受けるのか、関係者の間でも意見が分かれています。

◆自由貿易のプラスとマイナス

総じて言えば、自由貿易が伸展すると、プラスとマイナス、それぞれの影響が生じます。プラスの影響はなんといっても、消費者が、商品やサービスをいつでも安く手に入れられるようになることでしょう。私たちが今、安価で質のよい衣類や輸入食品などを手軽に買えるのは、貿易自由化による部分が大きいことも確かです。海外で作られた商品に掛けられていた関税などが、他国などとの一連の交渉を通じて低くなったことで、結果的にそれらの輸入量が増え、価格が大幅に下がったのです。

また輸入国側の生産者が、安い輸入品に対抗するため、必死に努力をし、結果的にその国の産業が活性化され、国際的な競争力が強化されることがしばしばあります。
これらによって、貿易を自由化した国々が豊かになったケースも数多く見られます。一方、マイナスの影響はまず、生産者を含む多くの労働者などが、強い競争力を持つ外国との激しい競争の中で、生計を立てられなくなってしまう可能性が出てくることです。

その顕著な例が、農業分野で見られます。たとえば綿花のケースです。アフリカでは、綿花を栽培する国が多く、カメルーンやチャド、マリ、ブルキナファソ、ベナンといった国々では、綿花栽培が国内の主要産業となっています。そこでは、綿花の生産がGDPの一割前後、綿花の輸出額が輸出総額の三割程を占めている国も少なくありません。

こうした国々も、世界的に進む自由貿易交渉の中で、欧米の綿花産業との競争を強いられるようになります。しかしそこには、問題がありました。アメリカの綿花農家は自国政府から、欧州連合（EU）加盟国の農家はEUから、巨額の補助金を受け取っているのです。

アメリカでは、二〇〇一～〇二年の数字で、約二万五〇〇〇戸の農家に対して三九億ドル前後。EUでは、たとえばギリシャの綿花農家に対して、年間一〇億ドル前後を支給しています。欧米の綿花農家は、こうした補助金を受け取ることで、綿花をより安く売っても利益を得られるようになります。これによって、世界の綿花価格は一五パーセント近く下がった、という研究者もいる程です。これは、小規模経営で、生計を維持できるぎりぎりの所得しか得られない、アフリカ各国の多数の綿花農家を危機に陥れています。

同じ問題は、綿花以外でも見られます。先進各国は、たとえば二〇〇二年の時点で、年間三一八〇億ドル規模という巨額の補助金を農家に支払い、それらは、農産物の輸出価格を下げることにもつながっています。これによって途上国の農業は、農産物の輸出価格の低迷という事態に直面し、毎年数百億ドルもの損失を被っている、というのです。

メキシコを始めとする中米諸国などでも、欧米各国との自由競争の中で、穀物の価格が下がり、耕作を諦《あきら》めざるを得なくなった農民がたくさんいます。その中からは、農村を捨て、職を求めてアメリカへの不法移民となる人々も多数出ています。

◆帰宅前に海外企業に仕事を頼むと……

グローバリゼーションが進む中で、仕事のやり方にも変化が起きています。

そこでは、こんなケースも出てきています。ある日、アメリカの大手メーカーA社のシステム担当者が、自社のシステムに問題点を見つけました。問題は複雑で、担当者の就業時間内にすべてを解決することはできません。しかし、彼は慌てませんでした。いつも通り、インド・バンガロールにあるIT関連企業B社にインターネット経由で連絡をし、自社のシステムの問題点、修正すべき部分などを伝えて帰宅したのです。

一方、バンガロールにあるB社のIT技術者は、朝、出社すると、自分のコンピュータを見て、アメリカから仕事の依頼が来ていることを知ります。彼は早速《さっそく》、依頼された仕事に取り掛かり、何とか夕方までに問題を解決します。そして、修正したソフトウェアを、A社の担当者にインターネット経由で送りました。

A社の担当者は翌朝、出社すると、問題の解決されたソフトが送られてきたことに気づきます。こちらが夜のうちに、インドにいるB社のIT技術者が仕事をしてくれたのです。

これは、時差を利用して、アメリカ企業とインドのIT企業が、インターネット経由で分業し、素早く課題に対処したというケースです。近年、こうした事例が日常的に見られるようになってきています。

また先進国の企業などが、途上国に投資をし、現地に工場を建てることで、仕事の分業をはかることも目立っています。

イタリアのアパレルメーカーが、自社でデザインした服を、賃金のより安い東欧諸国の工場などで生産し、できた商品をヨーロッパ各地に配送して販売する、などといったことは、もはや当たり前になっています。日本のアパレル企業も、中国や東南アジア諸国などに工場を建て、日本国内などでデザインした服を製造しています。

その一方で、グローバリゼーションは、先進国の労働者にも多大な影響を与えています。先程紹介した、米国企業の担当者が、インドのIT技術者に仕事を依頼するケースは、同時に、アメリカのIT技術者の仕事が減ることをも意味しています。

企業が、外国の下請け企業などに自社の仕事の一部を肩代わりしてもらったり、工場や販売拠点など自社の商業活動の一定部分を移転することを、「オフショアリング」といいます。近年のオフショアリングの急増は、先進各国での失業率の高さに影響を与えている、ともいわれています。

◆「世界金融危機」が起きた

二〇〇八年後半。「世界金融危機」と呼ばれる事態が発生し、その影響は世界中に拡大しました。日本でも、多くの企業が赤字に陥り、多数の契約社員が仕事を打ち切られます。人々は消費を控えるようになり、日本経済全体が停滞に追い込まれました。日本経済の低迷は、その後何年も続いています。

ここでもカギを握っていたのが、グローバリゼーションです。少し説明しましょう。

世界金融危機のそもそもの発端《ほったん》は、二〇〇七年前半にアメリカで起きた「住宅バブル」の崩壊です。当時、アメリカでは「サブプライムローン」と呼ばれる、低所得者などを対象にした住宅ローンが人気を集め、巨額の資金を貸し出していました。サブプライムローンは、複雑な金融手法によって、無数の証券の中に組み込まれ、欧米の投資家や銀行などが、そうした証券を大量に保有していました。この中で、住宅ローンの返済が難しそうな人にも、ローンを貸し出すような風潮が高まっていきます。これによって、住宅バブルが生まれました。住宅の価格が異常な高騰を見せたのです。

しかしバブルは、いずれ崩壊します。二〇〇七年前半の時点で、サブプライムローンを返せない人が増え、彼らの手放した土地や住宅の価格が急落したのです。バブルが弾けると、影響は急速に広がっていきます。サブプライムローンを組み込んだ証券の価格が下がり、その証券を組み込んだ別の証券の価格も下落し……という流れが延々と続きました。

これによって、証券を発行した投資会社はもちろん、それらを買った機関投資家、個人投資家、元本を保証した保険会社など、アメリカの金融市場全体が激震に見舞われました。

その影響は、瞬く間に国外にも拡大していきました。

ヨーロッパでは、多くの銀行の間で不安感が広がります。それまで日常的に資金の貸し借りをしていた相手銀行が、サブプライムローン関連の証券を多数持っているのではないか、などといった懸念が生じたのです。結果的に、銀行や企業、個人などが資金を借りる際の金利が急上昇し、ヨーロッパ経済の成長に急激な歯止めが掛かりました。

また、機関投資家や富裕層などから資金を集め、複雑な金融手法を駆使して巨額の利益を求める「ヘッジファンド」は当時、日本企業の株式を大量に保有していましたが、現金を手元に置こうと、日本株を売りに出しました。このため日本の株式市場では、株価が一気に下落したのです。

さらに、それまで金利の低かった日本で資金を借り、その資金を世界各国で運用していたヘッジファンドなども、たくさんありました。しかし、二〇〇八年以降の金融不安の深刻化の中で、彼らは運用を縮小します。これは、海外の通貨で運用していた大量の資金を、日本円へと戻す動きにつながり、円高現象が生まれました。

オーストラリアやアイスランドなどでは、日本の低金利に目をつけ、円建ての住宅ローンを貸し出していたローン会社もあります。しかし急速な円高が進んだことで、こうした住宅ローンを借りていた人々は、大きな損失を抱えることになりました。

一方、ヘッジファンドを始めとする投資家は、証券や株式などを売った資金を使い、原油先物市場で投資を行います。これによって、原油価格の一時的なバブルも起きました。

さらに二〇〇八年九月には、大手投資銀行リーマン・ブラザーズの経営破綻《はたん》というできごとが起き、金融市場の混乱を激化させます。世界中の金融機関は、相手がつぶれないうちにと、他の金融機関に貸し出していた資金を、一斉に引き揚げるようになったのです。銀行間の資金の貸し借りがなくなると、銀行は、資金を貸してほしいという企業や個人がいても、貸し出す余裕がなくなります。結果として、世界の多くの国で、資金の貸し手がいなくなり、おカネの流れが悪くなったのです。それは、経済のより一層深刻な停滞に結びつきました。

◆密接につながる世界経済

以上は、世界金融危機の前後で起きたできごとの、ごく一部分を描写したものです。しかしそこからは、世界経済がきわめて密接につながっている様子がよく見えてきます。

アメリカの住宅バブルの崩壊は、国内の事情が生んだできごとです。しかしそれが、ヨーロッパや日本における金融不安へとつながり、各国経済の低迷をもたらした背景には、資金が世界中を動き回っている、という現状がありました。

ヨーロッパの銀行が、アメリカのサブプライムローンを組み込んだ証券を大量に保有していた。円建ての住宅ローンを販売する海外のローン会社があった。株式市場で運用されていた資金が引き上げられ、原油先物市場に流れ込んだことで、原油価格のバブルが生じた。これらは、グローバリゼーションの一つの典型例です。

グローバリゼーションとは、世界銀行によると、「世界規模での経済・社会の統合、一体化が進展すること」だといいます。そこでは、①ヒト、モノ、カネ、情報などの、国境を越える移動の増大、②世界規模での相互依存の深化、③市場型資本主義経済システムの拡大、④ルールや価値の世界規模での統合化、などの現象が見られる、とされています（佐渡友哲「グローバリゼーションの時代をどう読むのか」『国際関係論』）。

今や、ヒト、モノ、カネ、情報などが、世界中を一つの土俵として、利益の見込めそうな地域・分野に向けて、きわめて短期間のうちに移動しているのです。世界は、グローバリゼーションの進展とともに、一体化しつつある領域がさらに拡大しています。

◆金融改革の成功と投機的資金の急増

もう少し補足しましょう。金融市場におけるグローバリゼーションの大きなきっかけの一つは、一九八六年にイギリスで行われた「ビッグバン」と呼ばれる金融改革です。

一九七〇年代までのイギリスは、多くの産業が規制に守られ、経済が停滞していました。そうした状況を一新すべく、七九年に保守党のサッチャー政権が登場すると、さまざまな規制撤廃が実施されたのです。ビッグバンもその一環でした。

そこでは、証券などの取引手数料の自由化、証券取引所における「単一資格制度」(顧客の資金を集めて証券の売買を行うブローカーと、自己の資金で売買をするジョバーの兼業を認めない、という制度)の廃止などとともに、イギリスの主要企業からなる証券取引所の会員企業に対して、外国企業などが出資できるよう、規則が改められました。

一連の改革は、イギリスの名門企業が外国企業に買収される事態も生んでいます。しかし結果的に、イギリス経済は活性化され、強い競争力を取り戻すことになりました。

一九九〇年代には、日本でも、イギリスの事例を参考にして、「金融ビッグバン」が実施されています。それによってたとえば、それまで扱える事業分野がはっきり分かれていた、銀行と証券会社、損害保険会社と生命保険会社、などの垣根が取り払われ、業務の相互参入が認められた。外国為替法が改正され、一般企業でも外貨を自由に取引できるようになり、個人も外貨預金を持てるようになった、などの変化が起きました。

こうした改革は、一般の金融機関や機関投資家、一般投資家、さまざまな業種の企業などが、国や地域の壁を越え、利益が期待できる国・地域、分野へと投資することを容易にしました。それによって、世界の金融市場、ひいては世界経済が大きく成長したのです。

しかしこれは、「投機的な資金」と呼ばれるおカネも急増させました。投機的な資金とは、工場を建てるなど、産業を発展させるために中長期的に使われる投資資金ではなく、世界の金融市場において、利益が見込めそうなところに素早く投下され、利益が見込めなくなるとさっと引き上げられる、短期的な投資資金のことを意味しています。

先程、ヘッジファンドが日本の株価を下落させたり、原油価格の一時的なバブルを作り出したりしたケースを紹介しました。このヘッジファンドも、投機的な資金を運用する主体の代表例です。

ヘッジファンドは、大きな資金力を持っています。そこでは、複雑な金融手法によって、実際に持っている資金の数十倍ものおカネを運用することも可能です。数兆円規模の投機的な資金が運用されるケースもある、とする報道もあります。

くわしい説明は省きますが、「アジア通貨危機」のきっかけとなった、一九九七年七月のタイの通貨バーツの暴落は、ヘッジファンドが大量の資金を使って、「空売り」と呼ばれる投機的攻撃を仕掛けたことが大きな原因だった、とされています。

アジア通貨危機は、多くの企業が倒産したり、各国通貨の国際的価値が暴落したり、国際機関の支援を受けざるを得なくなった国が出たりと、東南アジアや韓国などに深刻な影響をもたらしました。ヘッジファンドなどが運用する投機的な資金は、それ程の規模にまで膨れ上がっているのです。これもまた、グローバリゼーションの一つの結果だといえるでしょう。

◆感染症の拡大

グローバリゼーションが進むことで、ヒトの流れも急増します。

これは、新たな危機も同時に生み出しています。感染症の急速な拡大の危険性です。

一九九七年、中国南部で鳥インフルエンザが突然変異しました。新たな鳥インフルエンザは感染力が強く、香港《ほんこん》、カンボジア、インドネシア、タイ、ベトナム、韓国、そして日本などへと広がっていきます。鳥からヒトへの感染も起き、二〇〇六年末までの時点で、九三人の感染者と、そのうち四二人の死亡者が出てしまったのです。

このとき、ヒトからヒトへの感染は起きませんでした。しかし、もしそれが起きていたら大変です。現代は、人間の移動が活発になり、多くの人々がさまざまな交通手段で、別の地域・国へと慌ただしく移動していく時代です。短期間のうちに、致死性の高いこのウイルスが、世界中に広がっていた可能性もあるかもしれません。世界中の行政・医療関係者などは、ウイルスの感染が終息するまで、その動向を固唾《かたず》を呑《の》んで見守りました。

同様に、二〇一三年末に西アフリカ・ギニアなどで流行が始まり、周辺各国に感染が急速に拡大したエボラ出血熱をめぐる一連のできごとも、世界的な注目を集めています。

二〇一五年五月半ば時点における累積の数字では、流行の中心であるギニア、リベリア、シエラレオネの西アフリカ三か国で、約二万六〇〇〇人以上の患者、一万一〇〇〇人以上の死者が発生しています。

この過程では、欧米でも感染者が確認されています。たとえば二〇一四年九月には、母国リベリアで感染し、その後に渡米したと見られる男性が、アメリカ・テキサス州で発症し、死亡しています。アメリカではこの他にネブラスカ州・オマハで、ヨーロッパでもスペインのマドリードなどで感染者が見つかっています。さらに、治療に従事した医療関係者が、二次感染するという事態も起きました（図6－5）。

二〇一五年五月時点では、西アフリカのセネガルやナイジェリア、そしてリベリアなどですでに終息宣言が出されています。全体としては、先進各国の医療支援などによって、事態はさらに改善に向かっていく可能性があります。
しかし人類は、グローバリゼーションの進展によって、国境を越える人々の移動が拡大することで、新たな感染症が世界規模で流行する可能性があること。各国や国際機関などが、常にそうした事態に備えていなければならないこと、を改めて痛感させられたのです。

本章では、グローバリゼーションにともなうさまざまな状況や問題点などについて、かいつまんで紹介してきました。グローバリゼーションは、より豊かな暮らしをしたいと願う人類の欲求が生み出した現象です。そこから生み出される経済成長は、多くの人々に恩恵をもたらします。しかしそこには、負の側面もあります。私たちは、進み続けるグローバリゼーションの中で、正負それぞれの側面からその意味を理解し、よりよい未来を作り上げていく必要があるのです。

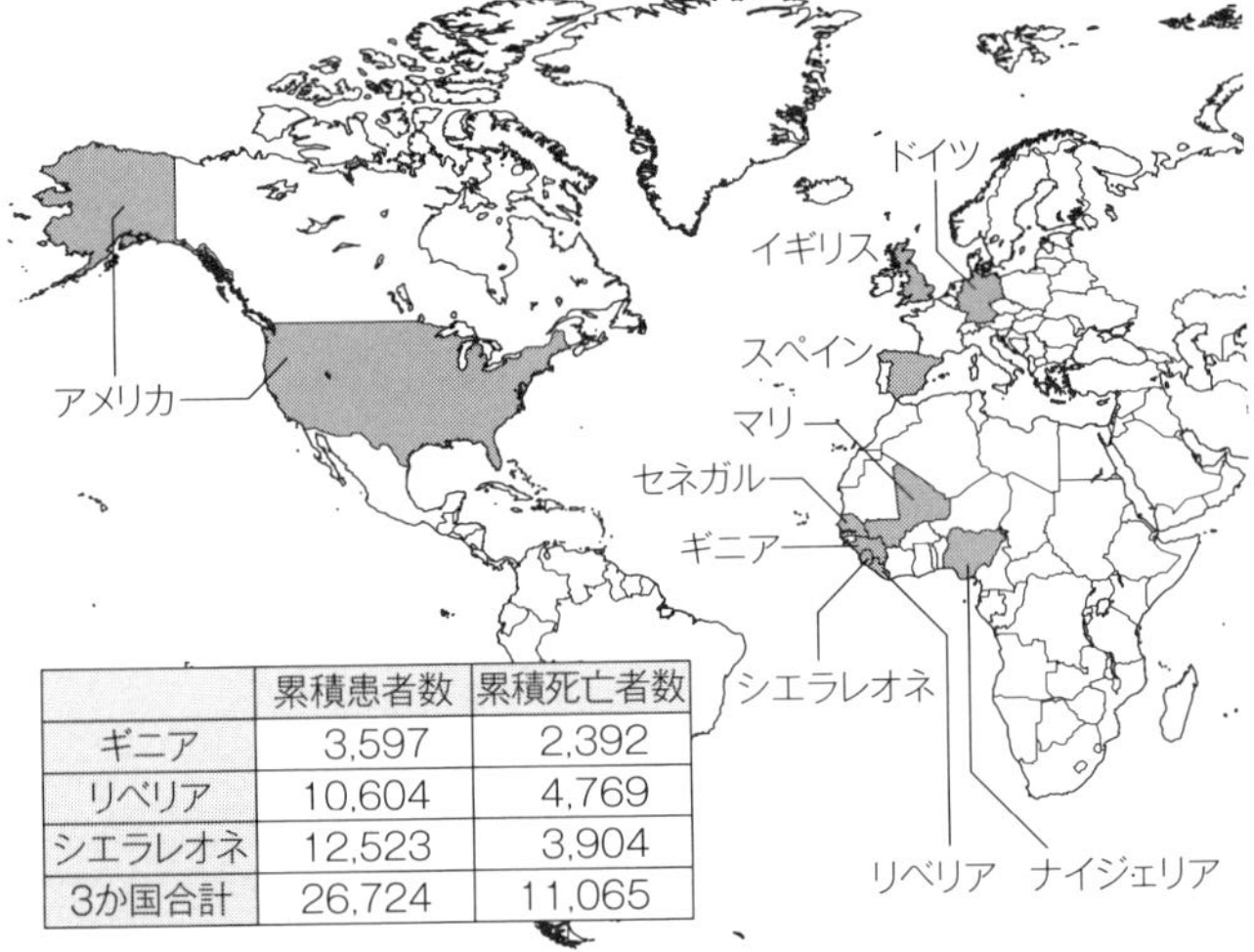

	累積患者数	累積死亡者数
ギニア	3,597	2,392
リベリア	10,604	4,769
シエラレオネ	12,523	3,904
3か国合計	26,724	11,065

図 6-5　エボラ出血熱の感染者が確認された国（上）と、西アフリカでの感染状況（2015 年 5 月 12 日時点）　西アフリカで拡大したエボラ出血熱は、医療関係者の帰国などにともなって、欧米の 4 か国でも感染者が確認されている。西アフリカでは、セネガルとナイジェリア、リベリアなどですでに終息宣言が出された　（参考）日本経済新聞 2014 年 10 月 21 日付夕刊、「2015 年 05 月 13 日更新　エボラ出血熱の発生状況（第 18 週）：補足 4」

第7章　新たな国際主体——国際機関と非政府組織

前章で紹介した通り、現在、グローバル化が進行しています。そこでは、国際情勢における諸問題を解決するための制度やルール作りなど、さまざまな取り組みが求められます。近年、この分野で注目されるのが国際機関であり、非政府組織（NGO）です。本章では、こうした新たな国際主体について見ていきましょう。

◆多様な国際主体の登場

近世以降、ヨーロッパの国際関係においては、「国家」が主要な役割を担ってきました。この場合の国家とは、第4章でも紹介したように、領土や領海、国民、統治機構などを持ち、対外的に、その上に立つ存在を持たず、独立性を保有し、国内的には、至高の存在であり、強制力を持つ主体、を意味しています。

近現代の世界における国際関係は、国家を主要なアクターとするヨーロッパ近世以降の国際構造を一つのモデルとしています。そのため近現代においても、国家は国際関係の主要な役割を担い続けています。

しかし、二〇世紀に入り、とりわけ二〇世紀後半以降になると、この構図に顕著な変化が起こります。国家は依然として国際関係の主役ですが、これに加えて、さまざまな主体が国際関係に影響を及ぼすようになってきたのです。それが「国際機関（国際機構）」やNGOなどといった主体です。

◆さまざまな国際機関

では、まず国際機関から見てみましょう。国際機関とは、複数の国家によって、共通の目的を達成するために設立される機関のこと。関係国間で結ばれた条約をもとに、事務局などの常設機関を持つ国際的な組織である、という特徴が見られます。さらに、「国際連合（国連）」に関連して後で少し触れますが、参加各国の意思とは別に、国際機関そのものに独自の意思が存在する、というケースもよくあります。

国際機関には、国連とその下部組織や関連機関・専門機関以外にも、「国際決済銀行（BIS）」、「国際標準化機構（ISO）」、「国際刑事警察機構（ICPO）」、ヨーロッパおよび周辺各国が地域の安全保障政策を協議する「欧州安全保障協力機構（OSCE）」、南米各国の協力を推進する「南米諸国連合（UNASUR）」など数多くの組織があります。

国際機関の歴史を振り返ると、一八世紀後半以降のヨーロッパで、産業革命の進展と貿易の増大によって各国間の国際関係が緊密化したこと、がそもそもの発端《ほったん》にあります。そこから関係国は、ひんぱんに国際会議を開き、課題点についての協議をするようになったのです。一九世紀後半になると、今の国際機関につながる「国際行政連合」と呼ばれる常設機関がいくつも設けられ、関係国は、その場でさまざまな問題をはかるようになりました。

電気通信（電信）関連の規則を定めたりするため、一八六五年に設立された「万国電信連合」は、そのさきがけと言えるでしょう。ただしこの時期の国際行政連合の役割は、運輸や通信、保健といった技術的・専門的分野に限定されていました。

しかし二〇世紀に入り、第一次世界大戦（一九一四～一八年）によって、ヨーロッパの多くの地域が荒廃すると、平和維持や政治的・社会的諸分野での協力を主眼とする国際機関の必要性を、各国が痛感するようになります。その結果、大戦終結時に誕生したのが「国際連盟」です。ただし国際連盟には多くの問題点もあり、一九三〇年代以降に起きた大国の軍国主義化を抑えることができませんでした。一九三九年には第二次世界大戦が始まり、国際連盟は有名無実の存在となってしまいます。

このときの反省を受け、第二次世界大戦終結後の一九四五年一〇月に発足したのが国際連合（国連）です。国際機関の代表的な事例として、以下で、国連の有り様について触れましょう。

◆国連とは何か

国連の英語名は「United Nations」です。これは直訳すると「連合国」。第二次世界大戦で、日独伊などの枢軸国と戦った、米英ソ中などの連合国と同じです。その名前からわかるように、国連と和訳されている国際機関は、戦いに勝利した連合国が中心となり、世界大戦のような悲惨なできごとが二度と起きないように、と設立されたものです。現在では、世界のほとんどの国が参加し、二〇一五年五月時点の加盟国数は一九三に上っています。

ちなみに、国連に加盟していない国の例としては、国連を中心とする国際政治から距離を置くバチカン市国。旧ユーゴスラビアのコソボ共和国。ニュージーランドとの間で「自由連合」と呼ばれる関係を維持するクック諸島などがあります。

国連の規約である「国連憲章」によれば、国連の目的は四つある、といいます。

それは要約すると、①国際社会の平和と安全を維持すること、②人民の同権と自治の原則に基づき、諸国家間の友好関係を発展させ、世界平和を強化すること、③経済、社会、文化、人道に関わる問題を解決し、人権および基本的自由を尊重するための国際協力を達成すること、④以上の目的を達成するために、諸国の行動を調和させるための中心となること、です（第一章第一条）。ここから、国連が、平和を維持し、人権や自由を擁護するために作られた国際機関だということがよくわかります。

国連の主要機関は、①総会、②安全保障理事会（安保理）、③経済社会理事会（経社理）、④事務局、⑤国際司法裁判所（ICJ）、⑥信託統治理事会の六つです（図7-1）。ただし、信託統治領と呼ばれる地域の統治に関わっていた⑥は、すでに役割を終え、現在は事実上、その任務を終了しています。

主要機関のうち①は、すべての加盟国によって構成される通常会期の総会や、総会の下に設けられた主要委員会が中心です。国際安全保障や軍縮、経済・金融、社会・人道・文化といったさまざまな分野の問題に関して、加盟国や②の安全保障理事会に対して、勧告を行うことができます。ただし勧告は、強制力のあるものではなく、確実に実行されるとは限りません。

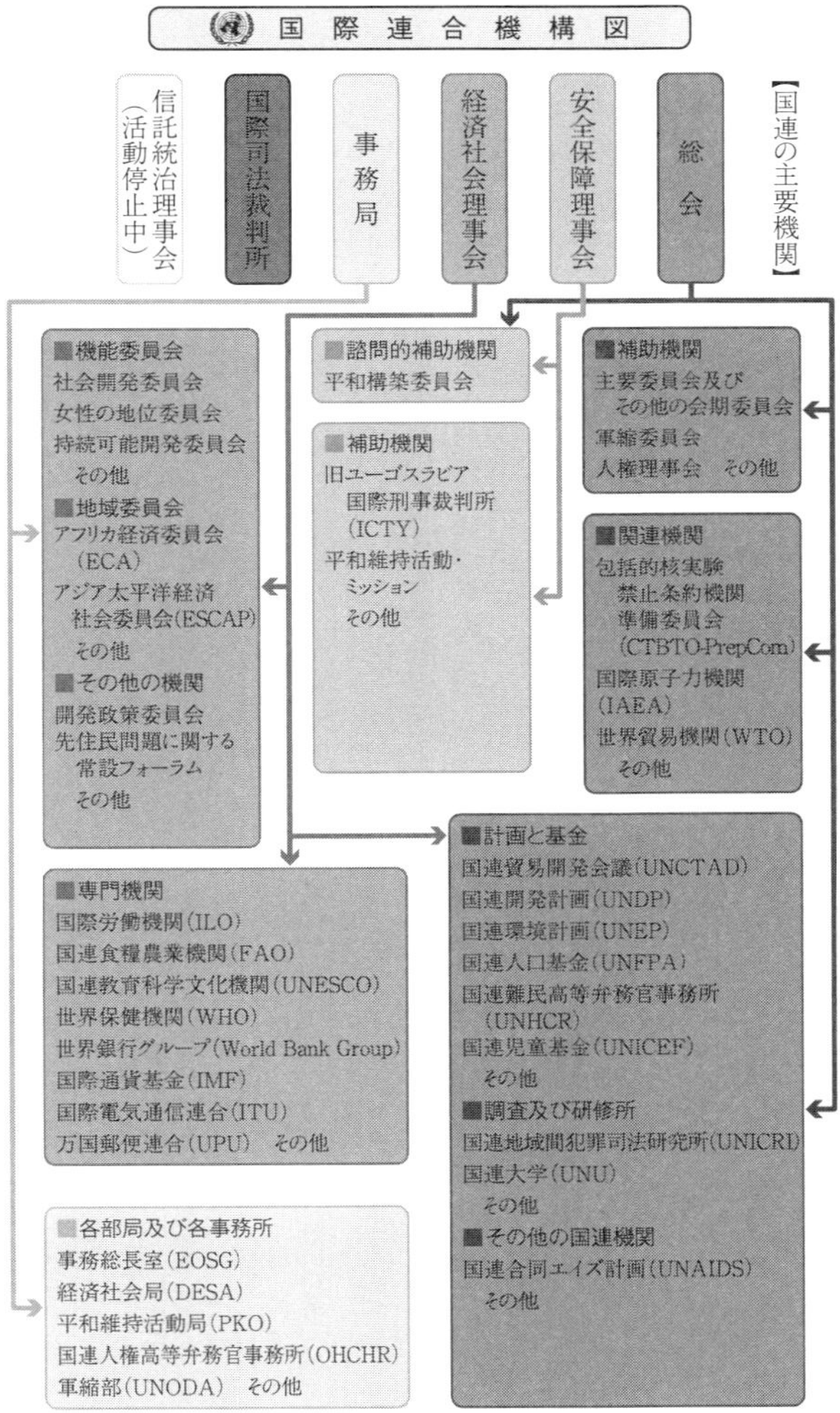

図 7-1　国連の機構図　国連には、総会や安全保障理事会、経済社会理事会、事務局、国際司法裁判所など、およびそれらの関連諸機関、専門機関等があり、扱う分野もきわめて広範囲である　（参考）「国際連合機構図」をもとに一部省略して掲載

◆平和と安全を維持する安全保障理事会

それに対して②の安保理は、アメリカ、イギリス、フランス、ロシア（以前はソ連）、中国の五か国の「常任理事国」と、二年の任期で改選される一〇か国の「非常任理事国」からなる組織で、そこでの決定は、加盟国すべてに強制力を持っています。

安保理は、国際社会の平和と安全の維持に主要な責任を持つことが定められています。そしてこれを実現するため、国連憲章では、話し合いなどによる紛争の平和的な解決（第六章）、それができなかった場合の、平和に対する脅威や平和の破壊、侵略行為に関する行動（第七章）、地域的取り決めや地域的機関の活用（第八章）などの規定が設けられています。

ここでは特に、第七章で「強制措置」が認められていることに、注目する必要があります。強制措置には、その国に対する武器や石油などの輸出禁止、その国の産品の輸入禁止などの経済的強制措置を含む「非軍事的強制措置」と、国連加盟国の陸海空軍力などを使った「軍事的強制措置」の二つがあります。

軍事的強制措置では、国連加盟国などに対して侵略行為を行った国に対して、話し合いや経済制裁などで、それをやめさせることができなかった場合、安保理が決議をすれば、関係国が、侵略国に対して軍事力を使い、侵略を食い止めることが許され、求められます。

過去において、「国連軍」が組織されたこともあります。一九五〇年の朝鮮戦争時です。このとき安保理は、韓国に対する北朝鮮の軍事侵攻を、平和の破壊だと認定し、これを撃退するため、韓国に必要な援助を与えることを、国連加盟国に勧告します。その結果、一六か国が軍隊を提供し、その軍隊には国連旗の使用が認められ、国連軍と呼ばれるようになりました。全体の指揮権は、アメリカに与えられています。

ただし朝鮮戦争に派遣された国連軍に対しては、安保理と軍隊の提供国とが締結しなければならない特別協定が結ばれていない。このときの採決には別の事情でソ連が出席していなかった、などの事情があり、「正規の国連軍」とはいえないとする見解が一般的です。

一九九〇年にイラクがクウェートを侵略し、湾岸危機が起きた際も、安保理は、これを平和の破壊だと認定しています。そして、経済的強制措置を発動するとともに、多国籍軍に対して、武力行使を含む「あらゆる必要な措置」を実施する権限を授けました。

イラクへの攻撃は一九九一年に開始されましたが、このときの安保理決議には、国連の指揮権についての規定がなく、国連のコントロールが及ばないなどの理由で、国連旗の使用は認められず、軍の名称も、国連軍ではなく「多国籍軍」とされています。

それはともあれ、国連は第一に、戦争の惨禍を食い止めようという趣旨で設立された国際機関であり、その意思をもっともよく体現しているのが安保理だ、ということが理解できるでしょう。

ただし安保理には、問題点も指摘されています。たとえば常任理事国の「拒否権」です。安保理が決議する場合、常任理事国が一か国でも反対すると決議案は否決される、という規定があります。このため、常任理事国である五か国は、国際社会の平和を脅かす事態が発生しても、自国の国益などを考え、侵略国への経済制裁や軍事的措置に反対することができます。その場合、仮に国連総会が事態を憂慮し、なんらかの対応策を取るよう決議・勧告したとしても、国連として具体的な措置を実施できる範囲は限定的となってしまいます。

イェール大学のポール・ケネディ教授は、たとえばアメリカは一九八五〜九〇年に、二七回の拒否権を行使していること、を著書で紹介しています（『人類の議会〈上〉』）。

とはいえそこには、意味もあります。拒否権の存在は、常任理事国である五つの国、とくに米ソ（米ロ）の二か国が、国連を脱退してしまうという極端な行動に出ることを防いできました。拒否権は、世界に強い影響を与える大国を、国連という機関・制度の枠内にとどめておくために作り出された制度なのです。

◆平和維持活動と平和の構築

国連は、安全保障に関連して、「平和維持」「平和構築」という自らの役割も重視しています。このため現在、国連の「平和維持活動（PKO）」が世界規模で行われています。

PKOはもともと、紛争の停戦合意後に、小規模の軍部隊を紛争地域に派遣し、紛争の再発を防ごうとする活動を意味していました。そこでは、①部隊を受け入れる紛争当事国の同意や、部隊を派遣する国の同意が必要なこと、②紛争当事者それぞれに対して中立の立場を保つこと、③「非強制の原則」の下で、平和維持軍は軽火器の保持のみが許され、自衛の場合にのみ発砲できること、といった原則があり、それに即して活動が行われてきたのです。

初期のPKOでは、停戦の監視がおもな役割の一つでした。一九四八年の第一次中東戦争後に派遣された「国連休戦監視機構（UNTSO）」や、第一次印パ戦争が停戦となった一九四九年に、紛争地であるカシミールに送られた「国連インド・パキスタン軍事監視団（UNMOGIP）」などが、その代表例です。

しかし、国際社会からの要請もあり、PKOの活動範囲は次第に拡大していきます。紛争当事者たちの武装解除、地雷の除去、秩序の回復、難民の帰還支援、住民の保護、選挙の監視、国家統治機構の改革などといったさまざまな分野に携わるようになっていったのです。こうした活動は「平和構築」と呼ばれています。現在のＰＫＯは、この平和構築にも積極的に関与しています（『国際機構〔第4版〕』）。

こうした状況の変化にともなって、先程三つ紹介したＰＫＯの原則も、例外が認められるケースが出てきています。その中でたとえば、二〇一三年三月には、「ＰＫＯの任務を果たすため、部隊への攻撃を繰り返す武装勢力は無力化してもよい」とする安保理決議が出されます。武装勢力から攻撃された場合は、重火器を使った強力な反撃も許される、とされたのです。さらに同年八月には、住民を保護するために、武装勢力などへの先制攻撃も許される「武力介入旅団」の設置が、国連史上初めて認められ、すでに活動を開始しています。

住民の保護のためには武力行使も辞さない、という姿勢の背景には、「人間の安全保障」と呼ばれる思想があります。

人間の安全保障とは、一人ひとりの人間の安全を国際社会の最優先事項とするという、国連開発計画（ＵＮＤＰ）が一九九三年から翌九四年にかけて打ち出した考え方です。「恐怖からの自由」と「欠乏からの自由」の二つが重要な構成要素となっています。この考え方は、批判にさらされつつも、国際社会において一定程度定着してきています。

その中で、カナダ政府は二〇〇〇年に、「恐怖からの自由」を政策目標の一つとすることを謳《うた》います。そして、国家と国際社会は、ときには武力行使をともなってでも、危機にさらされた人々を保護する責任がある、としました。PKOによる武力行使の容認は、この延長線上にあります。状況の変化の中で、PKOに求められている役割も変化しているのです。

ちなみに日本は、一九九二年の「第二次国連アンゴラ監視団」に三名の選挙監視員を派遣して以来、これまで一四のPKO等に合計一万四四五名の要員を派遣しています（図7-2）。

◆広範囲の役割を持つ経済社会理事会

国連には、ここまで紹介してきた総会、安保理以外にも、経社理、事務局、国際司法裁判所などの機関があります。簡単に紹介しましょう。

経社理は、経済、社会、文化、教育、保健、人権などに関して、研究や報告、勧告等を行う。関連する条約案を作成する。こうした目的のために国際会議を招集する、などといった幅広い役割を担っています。理事国は五四か国。任期は三年で、毎年、全体の三分の一に当たる一八か国が総会によって選出されます。

経社理は多数の分野・領域の問題を扱うため、図7-1にあるように、傘下に「社会開発委員会」「女性の地位委員会」「持続可能開発委員会」などの「機能委員会」、「アフリカ経済委員会（ＥＣＡ）」「アジア太平洋経済社会委員会（ＥＳＣＡＰ）」などの「地域委員会」といった、数多くの組織を抱えています。

また経社理は、総会の補助機関である「国連開発計画（ＵＮＤＰ）」「国連人口基金（ＵＮＦＰＡ）」など「計画」「基金」とも緊密な関係を有しています。たとえばＵＮＤＰなどは、経社理を通して年二回、国連総会に報告書を提出しなければなりません。

一方、「世界保健機関（ＷＨＯ）」、「世界銀行グループ」、「国際通貨基金（ＩＭＦ）」などの「専門機関」は、国連と連携関係にあり、経社理とも密接な関係を保っているものの、国連や経社理の下部組織ではありません。専門機関は、大きな権限を持ち、独立して自らの行動計画を立てています。

要するに経社理は、安全保障以外の分野における諸問題を議論・検討し、関連する機関に対して解決に向けた努力を促すことこそが主要な役割、だといえるでしょう。その担当領域はきわめて広範囲であり、関連する機関の規模や権限、経社理との関係もさまざま。そうした状況の中で経社理は、社会の諸問題を解決すべく、試行錯誤を繰り返しながら日々の活動を続けているのです。

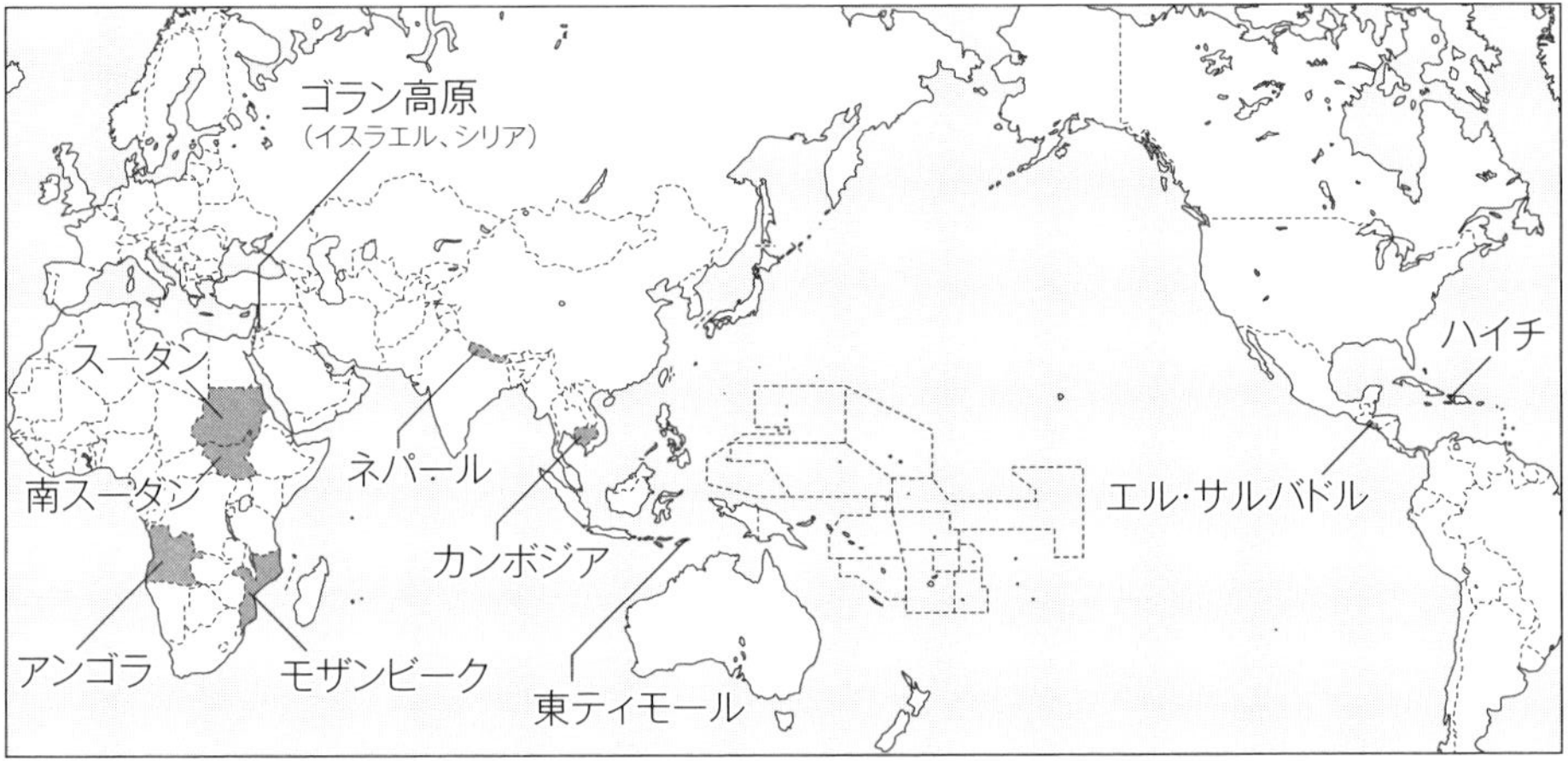

図 7-2　日本がこれまで国連平和維持活動（PKO）を派遣した相手先の国・地域　日本は、1992 年に「第 2 次国連アンゴラ監視団」に 3 名の選挙監視要員を送って以来、計 14 の PKO 等に要員を派遣してきている　（参考）「国際平和協力法に基づく日本の協力」

◆事務局と国際司法裁判所

事務局は、行政の長である一名の事務総長と、四万人以上の職員からなる巨大組織です。事務総長は、国連の顔ともいうべき存在ですが、実際の権限は限られています。その主な任務は、安保理など主要機関の会議において、事務総長として発言や報告などを行うこと。主要機関から委託される任務を遂行すること。国連総会で、国連の諸事業について年次報告を行うこと。国際社会の平和や安全の維持に対する脅威について、安保理の注意を促すこと、などです。

このうち初めの三つは、加盟国の意向を、加盟国に代わって実行するという意味合いがあります。その一方で、四つめの、脅威を認識し、安保理に注意を促す権限を認められたことは、限定的ではあっても、事務局が自らの意思で動けることを意味しています。たとえば事務局は、どこかの国や地域で紛争などが起き、多くの住民の生命が奪われるような事態が発生した際には、独自に調査を始め、脅威の存在を安保理に示すことで、対処がなされるきっかけを作ることができるのです。

このように国連においては、事務局長及び事務局の権限は限定的で、国連自体の、事務局自体の意思というものが認められる範囲は限られています。しかし彼らは、わずかではあっても有している独自の権限や意思を、平和と安全の維持などといった理想のために行使している、と理解することもできます。本章の初めで「国際機関そのものに独自の意思が存在する」ケースがあると書きましたが、これはその一つの例だといえるでしょう。

総じて言えば、国際機関によって程度の差はありますが、加盟国の意思が非常に重要視される一方、国際機関独自の考え方によって活動が進められる部分も多く見られるのです。

国連には、「国際司法裁判所（ＩＣＪ）」という機関もあります。

これは、国家間の法律紛争を解決したり、国連とその専門機関などに対して、法律上の勧告的な意見を提供したりする裁判所です。総会と安保理の投票によって選ばれた一五名の裁判官から構成されています。

国家間の法律紛争の解決においては、関係各国が、ＩＣＪの管轄権を受け入れることで、審理が始まります。関係国は、審理の結果として下された判決に従う義務があります。国際機関が、関係国同士の合意の上とはいえ、国家を拘束するケースだといえます。

◆多様な国際機関が存在する

国連について多くのページ数を割いてしまいましたが、国際機関は、前述したように、他

図7-3　国際機関の影響力　1998年1月、アジア通貨危機に際し、合意文書にサインするインドネシアのスハルト大統領を、腕組みして見下ろすIMFのミシェル・カムドシュ専務理事（当時、左）の姿は、国際機関の強大な権限を人々に認識させた　（写真提供）AFP＝時事

にも多数存在します。そして、その扱う分野、規模や権限などは千差万別です。
たとえば、先程触れた国連の専門機関である国際通貨基金（ＩＭＦ）は、第5章でも紹介したように、経済危機に陥った国を援助する国際機関。援助の際には、被援助国に、「財政再建計画」と呼ばれる一連の経済・財政改革案を実施させることが一般的です。

　この場合、援助を受ける国は、改革を実行しなければ援助を受けられません。こうした被援助国は、他に資金を得られるあてがないことがほとんどなので、ＩＭＦの指示に沿って計画を作成し、さまざまな政策を実施することになります。ＩＭＦはある面で、国家である被援助国よりも上の立場に立ち、その国への強制力を有していることになります（図7－3）。

一方、「国際海事機関（IMO）」、「国際民間航空機関（ICAO）」などといった国際機関では、加盟国の意向を取りまとめ、それらを円滑に実行するという役割が重視されています。そこでの独自の意思は、限定的だといってもよいでしょう。

また予算規模や職員数も、機関によってさまざまです。たとえばIMFを見ると、その主要財源である各国への出資割当額（クォータ）の合計は、二〇一四年八月時点で約三六二〇億ドル。今後もさらに増額されることになっています。職員数は約二六〇〇人。それに対して、国連開発計画（UNDP）の下部組織である「国際ボランティア計画（UNV）」は、年間予算が約二億ドルで、職員数は約七〇人です。

このように、国際機関にも多種多様な特徴があり、それぞれの役割や権限などに応じて国際社会の課題を解決するために注力しています。そこでは、問題点を指摘されるケースもしばしば見られますが、現代の国際関係において、国際機関が重要な役割を担っていることは間違いありません。

◆非政府組織（NGO）の影響力

現代の国際関係においては、非政府組織（NGO）の役割も拡大しています。

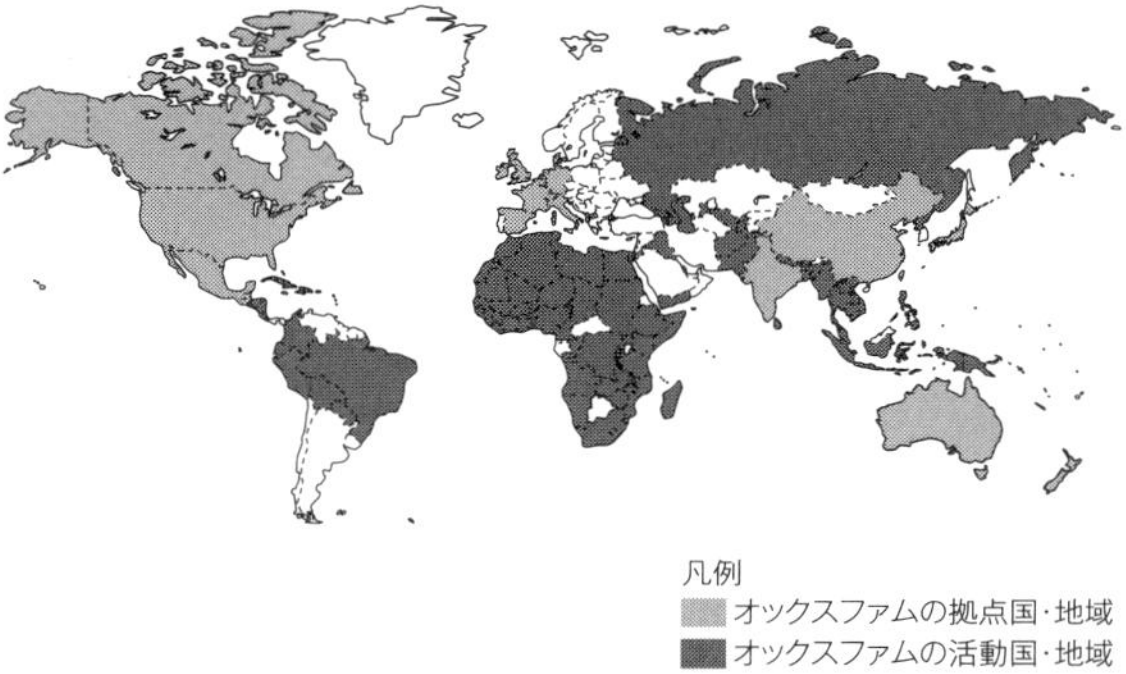

図7-4　国際NGO「オックスファム」の拠点と活動地域　1942年にイギリスで設立されたオックスファムは、巨額の活動資金を有し、世界93か国で貧困克服のための活動を行っている　（参考）「世界のオックスファム」

NGOはもともと、国連において、国連諸機関と協力関係にある政府以外の非営利組織を指すのに使われていた名称でした。しかし近年では、それとは別に、さまざまな分野、種類、役割、規模のNGOが登場しています。

たとえば、貧困の解消に取り組んでいる国際的なNGO「オックスファム」は、一〇〇〇億円前後の年間予算を持ち、世界一七の国・地域に拠点を置き、九三か国で活動している巨大組織です（図7－4）。その一方で、二、三人の常勤・非常勤の職員が、国内で集めた支援物資を、海外の被災地などに送っているような、小規模のNGOもたくさんあります。

このようにNGOも多種多様ですが、その草分け的な存在は、何と言っても「赤十字国際委員会（ICRC）」でしょう。一八六三年に創設されたICRCは、戦争で負傷した多くの人々を助けたり、負傷した兵士や捕虜、民間人の戦時における人道的な扱いなどを規定した、「国際人道法」と呼ばれる諸条約を世界的に広めていったりする活動を行っています。

二〇世紀後半以降、NGOの中でも、政策提言（アドボカシー）活動をする団体が増え、その影響力が注目されています。

たとえば、一九九二年に設立された「地雷禁止国際キャンペーン（ICBL）」は、各国政府やEU、国連などへの説得と訴えかけ（ロビー活動）、一般市民への広報活動、メディアへの戦略的な対処といった行動によって、当時多くの国・地域で使われていた対人地雷への反対運動を活発化させていきます。そして最終的に、一〇〇〇以上の各国NGOがICBLの傘下に加わり、自国などでの運動を盛り上げていったのです。

ICBLはこうした動きの中で、カナダやベルギー、ノルウェー、オーストリア、アイルランドといった国の政府を巻き込んでいきます。そして一九九七年一二月には、一二二か国が「対人地雷禁止条約」に署名する国際会議が開催されました。

この条約が成立する過程では、ICBLの交渉担当者たちが、対人地雷の例外なしの禁止を強く主張し、その説得に応じて、関係各国の政府が条約案を作成した、とされています。

ＮＧＯの活動が、対人地雷という兵器を、多くの国・地域で、製造・貯蔵・使用の禁止に追い込んだのです。

また二〇〇八年一二月には、親爆弾の中に多くの子弾が搭載される危険なクラスター爆弾を禁止する「クラスター爆弾禁止条約」を成立させるべく、各国政府の署名が行われています。そこでは、「クラスター兵器連合（ＣＭＣ）」と呼ばれるＮＧＯのネットワークが、ＩＣＢＬと同様、主導的な立場で関わっていました。

◆条約の成立や主要国の援助政策にも関わる

国際社会の問題を解決すべく、多くの国々に影響を与えようとするＮＧＯの動きは、他でも多数見られます。少し例を挙げれば、人権団体や子どもの支援などを扱うＮＧＯが核となって、一九九八年に結成された「子ども兵士禁止のための世界連合」は、二〇〇〇年の「武力紛争議定書」成立に影響を与えた、といわれています。

あるいは、一九九〇年代後半に、世界六〇か国以上のＮＧＯが、貧困国の債務帳消しを求めて始めた「ジュビリー二〇〇〇」は、主要八か国首脳会議（Ｇ８）や国際金融機関などに対して、最貧国の債務問題に対応するよう訴え、世界的なキャンペーンを繰り広げます。その結果、一九九九年のケルン・サミットでは、先進七か国が、三六か国に供与していた政府開発援助（ODA）の債務取り消しを発表しました。

　また、温暖化への対策強化を訴える「気候行動ネットワーク（CAN）」は、九〇以上の国の約八五〇の環境保護団体からなる、NGOのネットワーク組織です。温暖化への国際的な対処を決めた「気候変動枠組み条約」や、関連する「京都議定書」の作成過程において、各国政府へのロビー活動やメディアへの広報活動などを積極的に行い、これらの条約の成立に影響を及ぼした、といわれています。現在も、今後の国際温暖化対策の目標値を定める国際交渉に加わっています（『行動する市民が世界を変えた』）。

　NGOが、国際社会に影響を与えるこうした事例は、近年、急速に増えています。国際関係の有り様は、この面でも変化をしつつある、といえるでしょう。

第8章　二一世紀の難題——新たな戦争形態、そして地球温暖化

世界では近年、国際情勢や科学技術の変化などにともない、多くの難題が発生しています。本章では、その中でも人々の暮らしを脅かす危機を中心に、いくつかのケースを紹介していきましょう。

◆イスラム国（IS）の衝撃

まずは、中東周辺地域の混乱とイスラム過激派武装集団の勢力拡大です。

二〇一四年以降、中東地域で、非常な危機感とともに世界中の注目を集めているイスラム過激派武装組織があります。「イスラム国（IS）」です。ISは、同年六月、イラク国内で攻勢を強め、イラク第二の都市モスルを陥落させます。さらにこれ以降、その他の北部主要都市を含む広範囲の地域を制圧し、それらを主要な活動拠点の一つとするようになりました（図8-1）。

さらに二〇一四年六月には、ISの指導者であるアブー・バクル・アル＝バグダーディと名乗る人物が、「カリフ」に就任したと宣言します。カリフとは、世界中のイスラム教徒の

政治的な指導者、という意味です。もちろん、世界中のイスラム教徒がこれを認めたわけではありませんが、そう名乗ることで、自らの権威を高め、ＩＳの正統性を主張しようとしたのです。

ＩＳは、占拠した油田から産出される原油の密売収入、外国人ジャーナリストなどを拘束して手に入れた身代金といった資金を使い、行政組織に似た制度を作って支配地域の統治を行ったり、周辺国などから戦闘員を勧誘したりしています。

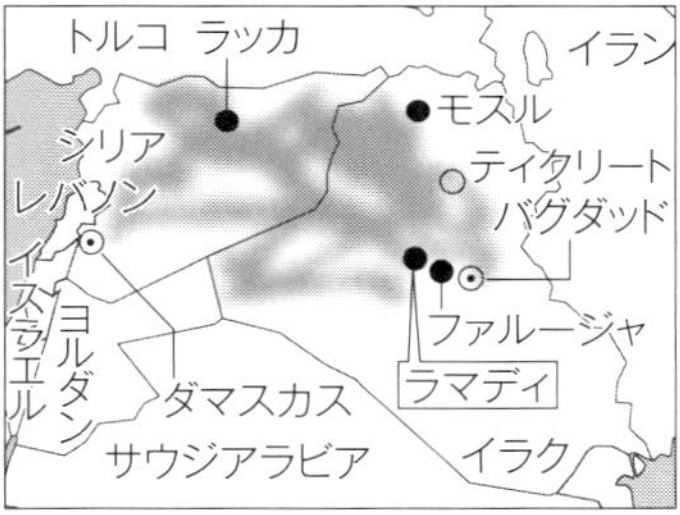

図 8-1　ISの支配地域（2015年5月中旬時点）　多くのイスラム過激派武装組織の中でも、ISの特徴は、政府に似た統治体制を持ち、一定の領域を支配しているところにある　（参考）朝日新聞 2015 年 5 月 19 日付朝刊

しかしＩＳは、勢力を拡大する過程で、多くの残虐な行為も行います。敵対する勢力の捕虜や異教徒、あるいは支配地での厳格なルールに従わない人々などを公開処刑したりするようになったのです。

これは、支配地の人々に恐怖感や無力感を植え付け、抵抗する意志を奪うという側面も大きい、と見られています。

二〇一五年一〜二月には、人質になっていた二名の日本人がＩＳに殺害されるというきわめて痛ましい事件が報道され、私たちの心に深い傷跡を残しました。

東京大学の池内恵准教授によれば、このＩＳは、二〇〇〇年代の「グローバル・ジハード運動」の中から生まれてきた、といいます（『イスラーム国の衝撃』）。

これは、二〇〇一年の九・一一事件の首謀者とされた「アルカイダ」が、米軍の大規模な対テロ戦争によって大きな打撃を受けたことから編み出された戦略です。アルカイダ自体が実際の作戦を行うのではなく、中心のない、関連組織の分散型ネットワークを作り、それを世界中に張りめぐらせようと考えたのです。

結果的に、この戦略は成功します。アルカイダは、米軍の攻撃によって壊滅の瀬戸際にまで追い込まれたものの、周辺地域に逃げ込むことで、組織を存続させました。すると世界各地で、生き残ったアルカイダに忠誠を誓う組織が自発的に登場し、反政府テロなどを実行するようになったのです。

◆「イラク戦争」「アラブの春」を背景に勢力を伸ばす

そうした流れの中で急成長したのが、ＩＳです。もともと、一九九九年から二〇〇四年にかけて存在した「タウヒードとジハード団」と呼ばれる組織が、規模を拡大し、何度も名前を変えて、現在のＩＳになった、といわれています。

そこには、二〇〇三年に開始された「イラク戦争」後の混乱と、二〇一〇年一二月にチュニジアで始まった「アラブの春」と呼ばれる一連の民衆蜂起《ほうき》が、大きく関わっています。

イラク戦争の結果、イラクのフセイン政権が崩壊しました。その後、イラクではアメリカ主導の下に、暫定政権の統治を経て、マリキ政権が誕生します。その過程では、イラク国内で大きな混乱が続く一方、それまで社会の治安を維持してきた軍などが解体され、多くの軍・諜報《ちようほう》関係者たちが仕事を失いました。ＩＳの前身組織は、こうした人々を傘下に収めたのです。それによってＩＳは、軍事戦略や最新兵器を扱う方法、治安を維持する手法などを吸収し、軍事力と統治能力が飛躍的に伸びた、といわれています。

アラブの春も、ＩＳの勢力急進の背景にあります。

もともと中東諸国では、指導者が強大な権限を持つ独裁国家が多く、言論の自由を始めとする基本的人権が認められていないことがほとんどです。また国内の経済格差も大きく、人々の間では、政府への不満が水面下で渦巻いていました。その中で二〇一〇年一二月、チュニジアの地方都市で起きたあるできごとをきっかけに、国民の間で体制打倒の動きが急速に盛り上がったのです。

大規模な反体制デモは、二〇年以上にわたり強権政治を行ってきたベン・アリー政権を、翌年一月に崩壊させます。これを見ていたエジプトの国民も、同じ月に大規模デモを始めます。連日のデモは、三〇年近く続いたムバーラク政権を、わずか二〇日間ほどで退陣に追い込みました。さらにその動きは、周辺のイエメン、リビア、バーレーン、シリアなどへと広がっていったのです。

しかしこうした体制崩壊は、新たな混乱も生み出します。アラブの春の結果、民主的な体制が確立しつつあるのは、チュニジアだけ。エジプトでは、選挙によってイスラム主義組織「ムスリム同胞団」が政権を獲得したものの、あまりにも宗教色の強いその政策は多くの国民の離反を招き、最終的に軍のクーデターによって、政権が崩壊してしまいました。現在は、二〇一四年五月の選挙で大統領に選ばれた、軍出身のシーシ氏が政権を維持しています。

またバーレーンは、混乱に際して、サウジアラビアなどを中心とする「湾岸協力会議（GCC）」が部隊を派遣することで、政権は崩壊を免れたものの、その後、サウジアラビアの実質上の支配下に置かれてしまいました。

一方、内戦状態の続くシリア、イエメン、リビアなどでは、事態がさらに深刻化していま

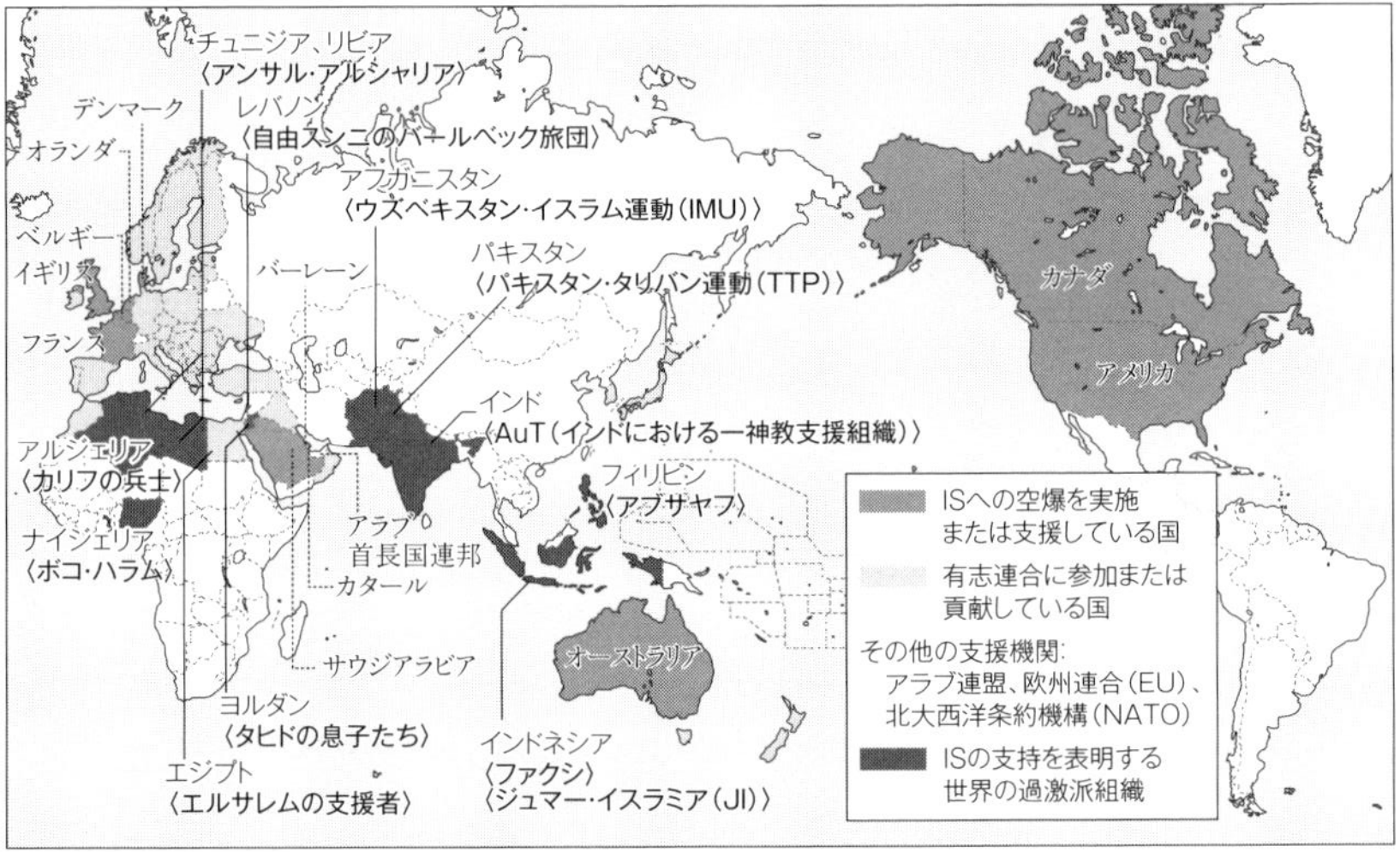

図8-2　ISを支持する過激派組織と、ISを攻撃する有志連合　どちらも世界規模の動きとなっており、ISをめぐる問題が、国際情勢にも大きな影響を与えていることがわかる　（参考）『ニューズウィーク日本版』2015年2月3日号、2月10日号の地図をもとに作成

す。そこでは政府軍と反政府勢力が日々、戦闘を繰り返し、内戦によって破壊しつくされた地域も少なくありません。各勢力は、人々の安全な暮らしを確保するためにではなく、自らの支配地域を広げるために戦い続け、多くの国民の命が失われているのです。

さらにこの動きは、北アフリカやサハラ砂漠南縁地域（サヘル地帯）を始めとする、世界各地に広がりつつあります。

ＩＳとその前身組織は、こうした混乱を最大限に利用しています。無政府状態に陥った地域に進出し、強大な軍事力と、残虐な行為もいとわない恐怖政治とを使い、強引に支配地域を拡大しているのです。その結果、ＩＳの影響力は急速に巨大化し、現在、多くの武装過激派組織が、ＩＳに支持を表明したり、忠誠を誓ったりしています（図８‐２）。

これに対してアメリカは、ヨーロッパや湾岸地域などの諸国とともに「有志連合」を組織し、ＩＳへの攻勢を強めようとしています（図８‐２）。この有志連合とＩＳとの戦いは、長期にわたる可能性がある、と見る専門家もいます。

ある試算によると、ＩＳへの攻撃、および周辺地域での人道支援の費用を合計すると、アメリカはこの先、毎年一〇〇億ドル規模の支出が必要になる、ともいいます。「非国家組織」であるＩＳとの戦いは、超大国であるアメリカにそこまでの負担を強《し》いることになりそうな

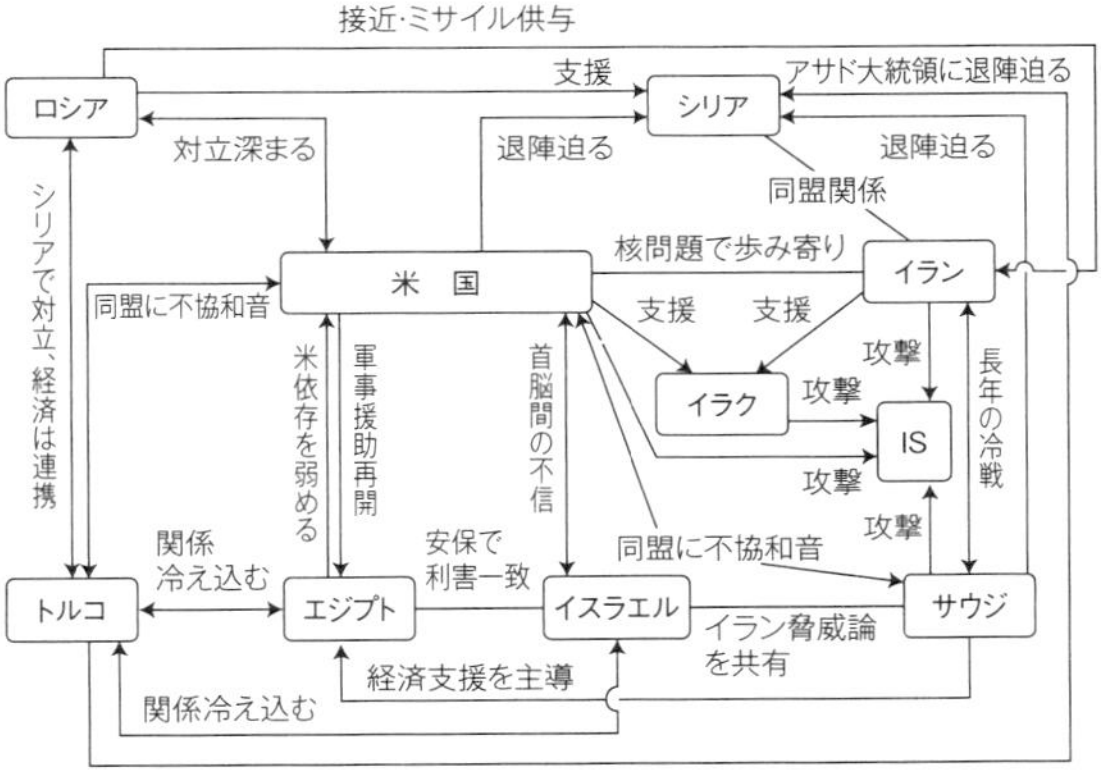

図 8-3　中東情勢をめぐる各国政権間の相関図　相互の関係があまりに複雑で、シリアやイラク、シリア、イスラム国など中東の諸問題に、簡単な解決策はなかなか見出せない　（参考）日本経済新聞 2015 年 5 月 4 日付朝刊

のです。

◆錯綜《さくそう》する関係国・集団の利害

また、ISなどイスラム過激派組織をめぐる問題では、関係国の利害が交錯し、各国の行動も複雑なものとなっています（図8-3）。

たとえば、サウジアラビア（イスラム教スンニ派のワッハーブ派が国教）とイラン（イスラム教シーア派の一二イマーム派が国教）は、宗派が異なり、政治的には対立しています。しかしIS（スンニ派中心）に対しては、中東地域の治安悪化を懸念するサウジアラビアが空爆を実施するのと並行して、イランも攻撃を仕掛けたり、イラク政府（シーア派主導）やシリア政府（シーア派の分派アラウィー派主導）を支援したりしています。いわばISとの戦いでは、両国が共闘しているといっても間違いではありません。

一方、国内が混乱し、無政府状態に陥りつつあるイエメンに対しては、両国の立場は逆です。サウジアラビアはイエメン政府（スンニ派主導）を支援し、イランは反政府勢力のザイド派民兵（シーア派の分派ザイド派中心）を支援したりすることで、敵対関係にあります。しかしイエメン政府も、ザイド派民兵も、「アラビア半島のアルカイダ（AQAP）」と呼ばれる過激派武装組織と敵対し、AQAPとの間で戦闘を繰り広げています。そしてこのAQAPは現在、ISと競合しています。

こうした関係国・集団の行動の複雑さは、問題への対処を一層難しくしています。

◆周辺国や先進諸国にテロが広がる

また、ISなど過激派武装組織の影響力拡大が、周辺国や先進諸国でテロを引き起こすことを憂慮する声もあります。

たとえば二〇一四年一二月には、パキスタン北西部のペシャワルで、イスラム武装勢力「パキスタンのタリバン運動（TTP）」の一員と見られる集団が、公立学校を襲い、生徒ら一四〇人以上が命を奪われています。

さらに、翌月の二〇一五年一月には、パリで、週刊誌『シャルリ・エブド』の編集部が襲撃され、引き続いて起きた事件と合わせて、一七人が犠牲になりました。襲撃犯は、イスラム過激派の思想に強い影響を受けた人物だとされています。

この事件もそうですが、ヨーロッパなどにおけるテロ事件の場合、第4章でも触れたように、実行犯はテロの起きた国の出身者であるケースがしばしば見られます。母国で、低い学歴や収入、差別などに苦しめられ、夢を持てない若者たちが、イスラム過激派武装勢力の関係者に勧誘され、テロ実行犯に仕立て上げられてしまうのです。またISには、世界約八〇か国から一万五〇〇〇人規模に上る外国からの戦闘員が参加している、とする説もあります。そうした戦闘員の一部が、現地でテロリストとしての教育を受け、母国に戻って重大事件を起こすのではないか。各国政府はその可能性も憂慮しています。

国内の格差や差別が、テロを生み出す背景となっている今の状況は、多くの国・地域で共通しています。社会の問題点を解消することなしに、テロを根絶することは難しい、と多くの関係者たちが指摘しています。解決のきわめて困難な事態が進行しているのです。

◆大量の核兵器という存在

人々の暮らしを危機に追いやりかねない事態は、他にもまだあります。

その一つが、各国の保有する核兵器の存在です（図8-4）。

冷戦中、米ソは競って大量の核兵器を作り、いざとなれば相手国を殲滅《せんめつ》できる態勢を整えていました。冷戦が終わり、ソ連がロシアへと体制を移行したことで、両国の全面戦争の危険性は低くなりました。その過程では、米ソ／米ロ間で核軍縮交渉が何度も行われます。近年では、二〇一一年二月に米ロ間で、戦略核弾頭の配備数をそれぞれ一五五〇発ずつにすることなどを取り決めた、「新ＳＴＡＲＴ」条約が発効しています。

米ロ間では、ウクライナ問題などをめぐる対立などはありますが、核軍縮が少しずつ進められています。しかしそれでも、より小型の戦術核などを含め、いまだに大量の核兵器を保有していることも事実です。さらに最近では、中国などが、保有する核兵器の数を増やしつつあり、全体を見れば、核戦争の危険性が大幅に下がったとはいえません。

また二〇一五年五月には、「核不拡散条約（ＮＰＴ）」の再検討会議が開かれたものの、具体的な成果を上げられないまま、閉幕しました。アメリカなどの核保有国が、合意文書の採択に消極的な姿勢を見せたからです。しかし、核保有国がこうした後ろ向きの姿勢を示して

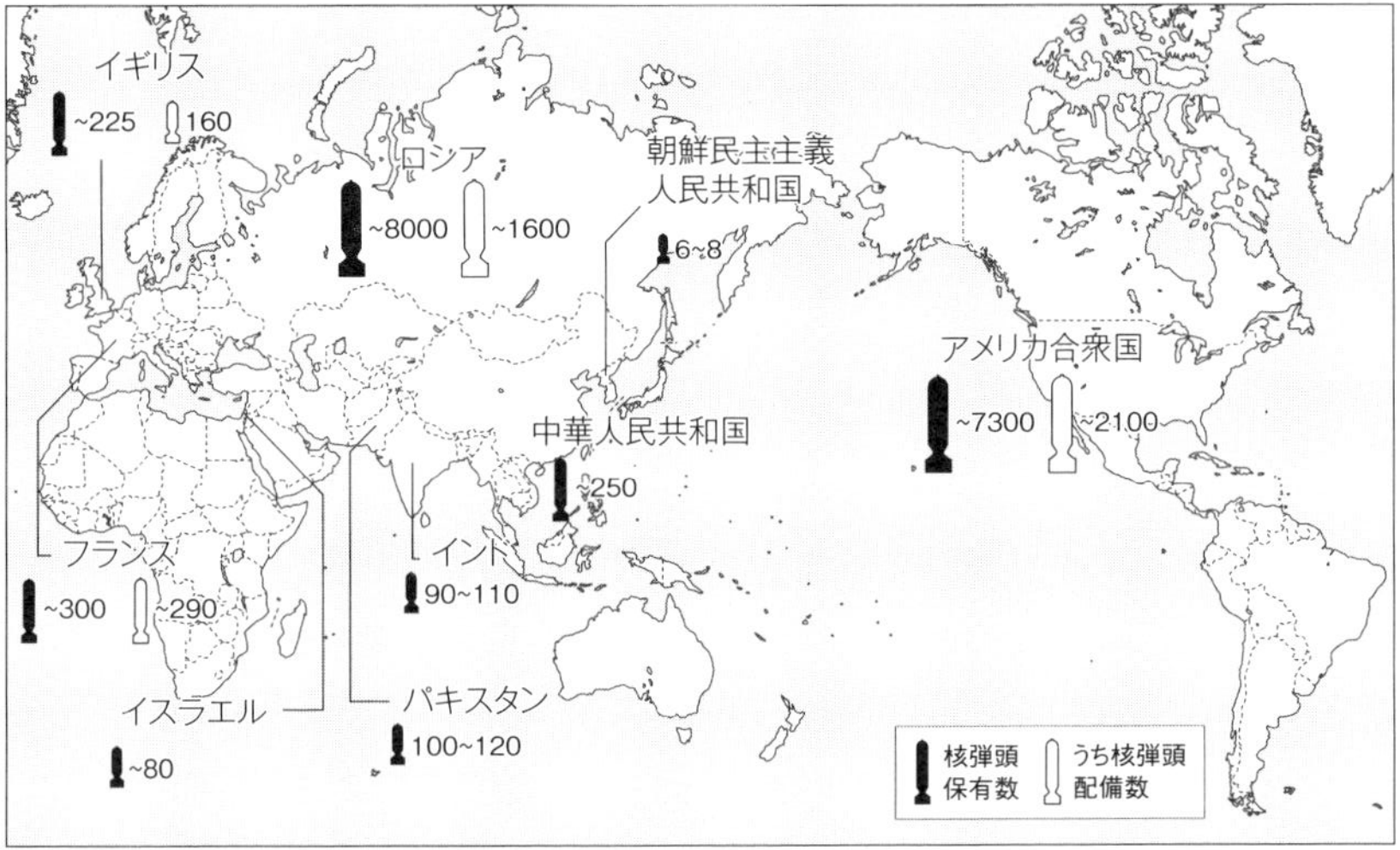

図 8-4 各国の核弾頭保有数（2014 年 1 月時点での概数） これまで、米ロ間で徐々に核軍縮が進められてきたが、それでも世界には 1 万 5000 発以上の核弾頭が存在している （参考）*SIPRI Yearbook 2014*

いては、核兵器を持ちたい国の意欲を抑制することは難しくなりかねません。

これ以上、核兵器を持つ国が増えれば、現在でもその可能性が否定できない偶発戦争、テロ集団への核兵器や核物質の流出、次に紹介するサイバー攻撃による核戦争の発生、などが現実化する確率が高まっていきます。

核戦争が起きる可能性をゼロに近づけるためにも、核兵器の数を段階的に減らす努力は、人類全体に共通する継続課題となっています。

◆新たな戦争形態の登場――サイバー戦争――

さらに現在、新たな戦争に対する危機感が高まっています。

それが、サイバー空間における戦争、いわゆる「サイバー戦争」です。

第1章で、アメリカのソニー・ピクチャーズ・エンタテインメントが、大規模なサイバー攻撃を受けた事件について触れました。またアメリカ連邦議会は、近年、航空管制や全地球測位システム（GPS）を制御するアメリカの人工衛星システムが、中国からと見られる波状攻撃にさらされている、とする調査結果を発表し、関係者の注目を集めています。

現在、世界の主要各国は、大規模な「サイバー戦争」における攻撃と防御について研究している、といわれています。もし、敵対国の社会を混乱させるため、あるいは偶発事故により、大規模サイバー戦争が引き起こされた場合、世界中が大混乱に陥る可能性があります。

そこでは、電力供給網やガス供給網、水道、電話回線といったインフラが機能しなくなり、道路の信号システム、列車や航空機などの管制システム、金融システムなどが麻痺《まひ》してしまう危険性があります。発電所などで、システムの暴走が起きれば、大惨事にもつながりかねません。また、各種の衛星がコントロール不能になることもあり得ます。そうなれば、テレビ・ラジオ報道の送受信などにも、大きな支障が出てくるでしょう。サイバー戦争は、私たちの生活を、きわめて危険な状況に追いやる恐れがあるのです。

もちろん、これ程大規模なサイバー攻撃を行った国は、相手国から、軍事力の行使も含めた大規模な報復を受けることになる可能性が生じます。そのため、相手国の生活インフラを根こそぎ破壊する程、大規模なサイバー攻撃が起きる確率は、現時点では低いと思われます。しかし、軍事大国と呼ばれる主要各国は、万一の場合に備えて、今もサイバー戦争の攻撃と防御に関する研究・技術開発に注力しているのです。

◆ロボット兵器が戦場に投入される

近年、戦場へのロボット兵器の投入が急増しています。

上空から敵勢力を監視・攻撃する無人航空機。地雷などを除去したり、近寄ってくる敵を攻撃したりする無人車両。多数のこうしたロボット兵器が、戦地に送られ、実際に使われています。さらに、無人ヘリコプターや無人艇、無人潜水艦、あるいは四本足の物資運搬ロボット、ヒト型の戦闘ロボットなども、現在、急ピッチで開発が進められています。

現時点では、こうしたロボット兵器を操作するのは、人間です。近くにいる兵士が状況を肉眼で見たり、遠く離れた本国の軍関係者などがロボット兵器に取りつけられたカメラの映像を注視したりしながら、対応策を判断し、ロボット兵器を操作しているのです。

ただしここには、問題もあります。テロ組織の会合だと思い、無人航空機で爆撃したところ、じつは住民たちの祝い事の集まりだった、などというケースが多数報告されています。

とはいえ軍関係者から見れば、こうしたロボット兵器の使用が増えれば、自軍の兵士を危険にさらさなくてもよくなります。そのためロボット兵器の開発・配備は、二一世紀に入って、規模を急速に拡大しています。そしてロボット兵器の配備が増えていけば、軍の指揮官たちにとって、自軍兵士の危険を考えることなしに攻撃が可能になります。結果的に、彼らが攻撃を決断する際の敷居が低くなり、攻撃が実行される可能性が高まる恐れもあるのです。

さらに現在、注目されているのが、研究・開発の進みつつある「自律型ロボット兵器」です。これは、自分自身で状況を読み取り、攻撃の有無を判断し、あらかじめ定められた条件に適合する場合は、人間の判断を受けずに攻撃が可能となるロボット兵器のことで、自分の判断で攻撃できる機能を備えています。これに対しては、誤った攻撃を実行した際に、誰が責任を取るのかなどといった議論も起きていて、二〇一三年四月には、NGOの「ヒューマン・ライツ・ウォッチ」が自律型ロボット兵器の開発中止を求めるキャンペーンを行ったり、同年五月には、この問題が「国連人権理事会」で取り上げられたりしています。その後も、さまざまな国際会議で、自律型ロボット兵器に関する議論が続けられています。

◆戦場となる宇宙空間

潜在的な戦場は、今や宇宙空間にも及んでいます。

二〇〇七年一月、中国は、高度八五〇キロメートル付近の宇宙空間にある自国の気象衛星を、弾道ミサイルで破壊しました。これによって、レーダーで観測可能な破片（スペース・デブリ）が四〇〇〇個以上、それよりも小さな破片が数万個以上発生したと見られています。

こうしたデブリは、各国の人工衛星や有人宇宙船、船外活動中の宇宙飛行士などを危険にさらしかねないとして、国際社会からは批判の声が挙がりました。

ここで注目すべきは、中国が衛星を破壊した理由です。いくつかの報道によると、これはアメリカの進めるミサイル防衛構想（ＭＤ）への対抗措置の一環としての実験だった可能性がある、といいます。ＭＤは、宇宙空間に早期警戒衛星を複数配備し、大陸間弾道ミサイルなどの発射をいち早く察知し、それらを各種のミサイルなどで撃ち落とす、という計画です。その要《かなめ》の一つが、早期警戒衛星。中国はひょっとすると、この実験を通して、自分たちは、いざとなれば早期警戒衛星を破壊し、アメリカ主導のＭＤを無力化することができる、というメッセージをアメリカ側に送ったのではないか、というのです。

このように、宇宙空間を、次世代の戦場の一つにしようとする試みは、すでに始まりつつあります。そこでは将来的に、自国の早期警戒衛星などを守るために、海軍の艦隊と似た「衛星艦隊」が編成されるかもしれない、とする意見まで出されています。

私たちの多くの予想を上回る速度で、戦争の形態も変化しつつあるのです。

◆温暖化の急激な進行

人々の暮らしを脅かす世界規模の大問題には、環境の危機もあります。中でも現在、国際社会の関心が集まっているのが、気候変動、すなわち地球温暖化の急速な進行です。

世界の諸問題の解決に取り組む国際機関の「世界経済フォーラム」が、二〇一五年一月に発表した報告書では、今後一〇年間で起きる可能性が高い世界のリスクの中で、二番目に異常気象が挙げられています。一番目は国家間の衝突、三〜五番目は国内政治の失敗、国家破綻《はたん》・危機、失業や不完全雇用問題ですから、その中で、温暖化とも密接に関係する異常気象が二番目に位置づけられたことを見れば、この問題がいかに深刻であるかがわかります。

地球温暖化の原因は、人間の社会から排出された（人為起源の）二酸化炭素（CO_2）、メタン、亜酸化窒素、フロン類とハロン、代替フロンといった「温室効果ガス」の急激な増加だと考えられています。地球の大気中に太陽光が入ってくると、それは地表でいったん吸収され、かわりに地表から赤外線が放出されます。温室効果ガスは、大気圏外に出て行こうとする赤外線をとらえ、とらえられた赤外線が地表などを暖めるのです。そのため、大気中の温室効果ガスが増えるにつれ、地球の平均気温が上がっていくことになります。

温室効果ガスの中でも、とりわけCO_2は、大気中に存在する量がきわめて多いため、温室効果ガスがもたらす温暖化のうち、CO_2によるものが約六〇パーセントを占めている、とされています。他では、メタンが約二〇パーセント、亜酸化窒素が約六パーセント、フロン類とハロンが約一四パーセントなどとなっています。

世界各国の政府が集まり、温暖化の現状や今後の予測と対策などについて共通の理解を取りまとめる機関である「気候変動に関する政府間パネル（IPCC）」の「第五次評価報告書（AR5）」によれば、近年、温室効果ガスの排出量は急激に増加している、といいます。たとえば、一七五〇～二〇一一年の人為起源のCO_2排出量の約半分が、過去四〇年間に排出されたものである可能性が高いのです。

こうした人為起源の温室効果ガスの急増は、地球の平均気温の上昇につながります。AR5では、地球温暖化を引き起こす「放射強制力」を、政策的な努力などによってどこまで抑えられるかによって、四つの将来シナリオを描いています。すなわち、温室効果ガスの排出を厳しく規制するなどして、放射強制力を二・六W／㎡に抑えたシナリオ（RCP二・六シナリオ）と、RCP四・五シナリオ、RCP六・〇シナリオ、RCP八・五シナリオの四種類です。RCP八・五シナリオは、規制をほとんどしないケースです。

それによると、一九八六～二〇〇五年の平均地上気温と比べて、今世紀末（二〇八一～二一〇〇年）の平均地上気温は、RCP二・六シナリオで〇・三～一・七℃、RCP四・五シ

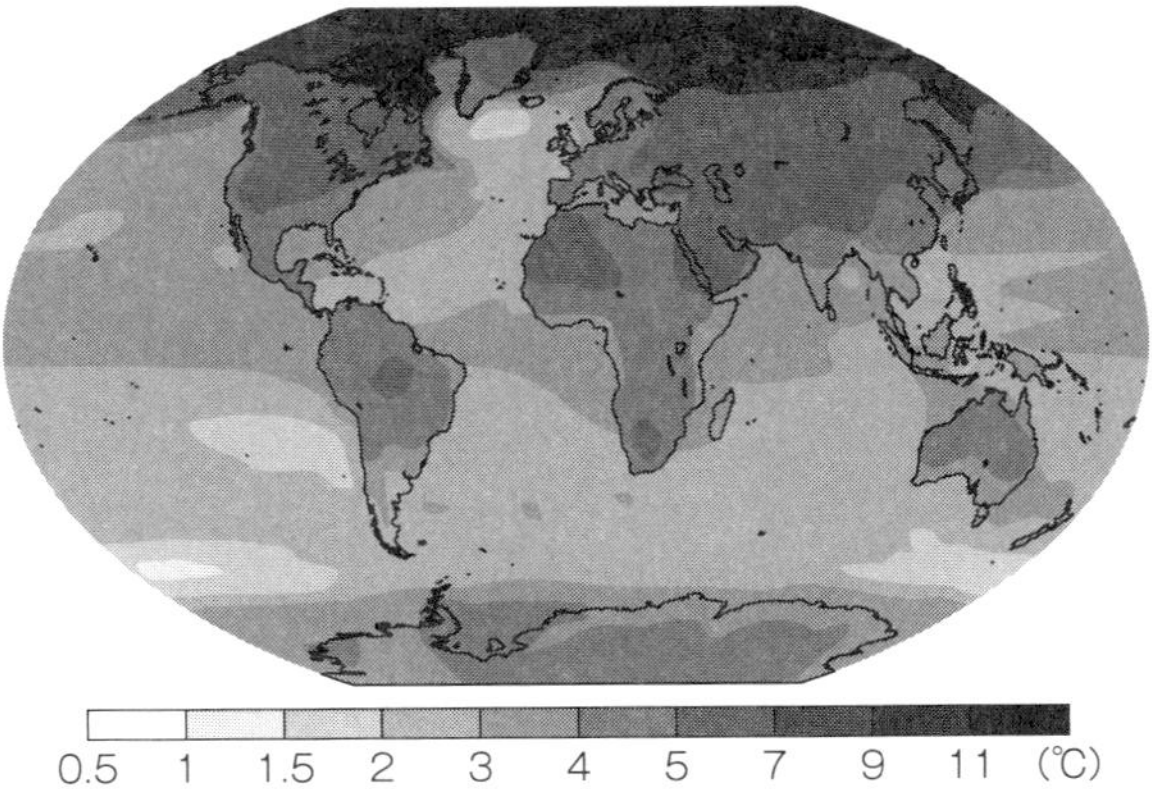

図8-5 年平均地上気温の変化 RCP8.5のケースにおける、1986～2005年の平均値と2081～2100年の平均値の差。今後、世界的に急激に温暖化が進行する可能性があることを示している （参考）「気候変動2014：気候変動に関する政府間パネル 第5次評価報告書統合報告書 政策決定者向け要約」

ナリオで一・一～二・六℃、RCP六・〇シナリオで一・四～三・一℃、RCP八・五シナリオでは二・六～四・八℃上昇する可能性が高い、といいます。

どのシナリオでも、今後、平均気温が上昇していくことになりますが、それをどこまで抑え込めるかは、人間社会の努力にかかっていることになります。

また気温の上昇の度合いは、緯度が高い地域の方が、一般的に大きくなる傾向がある、とされています（図8－5）。

◆気候の変化と食糧安全保障の低下

温暖化は、気候の変化をもたらします。

今後、ほとんどの陸域で、極端な高温

状態の出現が、よりひんぱんになります。また熱波の発生する頻度が増え、それがより長く続くようになる可能性が非常に高い、といいます。

各地での降水量も変化します。たとえば先程紹介したRCP八・五シナリオによれば、高緯度地域と太平洋赤道地域、および中緯度の湿潤地域では、年平均降水量が増加する可能性が高くなる、という試算結果が出ています。さらに中緯度の陸域の大部分と湿潤な熱帯地域においては、極端な降水がより強く、よりひんぱんになる可能性が非常に高い、とされています。一方、中緯度と亜熱帯の乾燥地域の多くでは、年平均降水量が減少する可能性が高い、というのです。

こうした平均気温や平均降水量の変化、極端な降水の増加などは、異常気象とも大きく関わっています。世界経済フォーラムは、それが今後一〇年間の世界の大きなリスクにつながる、といっていることは前述しました。そして、温暖化の進行とともに、異常気象が発生する確率は、さらに高くなっていくのです。

温室効果ガスの急増と温暖化の進展は、食糧の安全保障を低下させる原因ともなります。たとえば大気中のCO_2濃度の上昇は、結果的に、海水に溶けるCO_2を増加させます。これは、海水温の上昇と相まって、海洋生態系に大きな影響を及ぼすことになります。近海での漁獲量が大幅に減るなど、食糧危機に見舞われる地域が出てくる可能性もあるでしょう。

また熱帯・温帯地域のうち、二〇世紀終盤と比べて、気温が二℃以上上昇する場所では、三大穀物であるコムギ、コメ、トウモロコシの生産に、総じてマイナスの影響が出ると見られています。多くの地域で主食とされるこれらの穀物の生産減少は、世界の食糧事情に多大な影響を及ぼしかねません。多数の食糧難民が生まれ、不安定な状況に陥る国や地域が出てくる可能性もあるのです。

今後、国際社会は、温暖化の影響をより一層強く受けることになるでしょう。世界規模での効果的な対応策を、一刻も早く打つべき時期に来ています。

以上は、これからの国際社会において、人々の暮らしを脅かす危機の一端に過ぎません。今後、どのような難題が出現し、それが私たちの生活にどのような影響を及ぼしていくのか、私たちは注視し続けなければならないのです。

終章　日本の課題を考える

◆東アジアの国際環境を安定させる

これまで国際関係のさまざまな側面について見てきました。最後に、私たちの日本が直面する今後の課題について、一緒に考察していきましょう。

日本を取り巻く国際関係にとって最重要事項の一つは、日本の周辺地域である東アジアの国際環境が、平和で安定したものであり続けることです。

しかしそこには、第1章でも紹介したように、中国の巨大化、北朝鮮の脅威、韓国の不安定な立ち位置、ロシアの影響力の拡大などといった要素がいくつもあり、平和で安定した国際環境を作り出すことは容易ではありません。

従来、日本の外交・安全保障環境における最大の要《かなめ》は、日米同盟でした。両国の間には、日米安全保障条約を始めとして、強固な協力関係を実現するための多数の取り決めがなされ、米軍の強大な抑止力と日本の防衛力の両輪が、日本の安全と平和を守ってきたのです。

しかし近年、状況は変化しつつあります。先程から触れているように、その最大の要素は、何と言っても中国の強大化でしょう。

これは、従来の東アジアの安定を大きくゆさぶる危険性もはらんでいます。たとえば中国は、周辺諸国との間でいくつもの領土問題を抱え、そこでは一般的に強い姿勢で臨む姿が見られます。

さらに第1章でも触れたように、近年、中国は、数百キロメートルも先の敵を破壊できる「弾道ミサイル」などを、東シナ海沿岸地域に配備しつつあります。これは、台湾海峡での有事などに際して、台湾側の防衛力を削いだり、米軍艦隊の干渉を防いだりするための備えではないか、と見られています。さらに、こうした弾道ミサイルなどの配備が一層進めば、沖縄などの米軍基地や米艦隊にとっても、大きな脅威となってきます。そのため、米軍は将来的に、沖縄などから兵力を段階的に縮小し、中国本土から離れたグアム島などの基地により大きな役割を担わせるようになるかもしれない、と語る研究者もいます。

状況のもう一つの変化は、アメリカの戦略の変質です。アメリカは、第2章でも紹介した通り、現在、巨額の累積赤字を抱えています。そのため、自国の軍事予算を削り、かわりにアメリカの同盟国・友好国に地域の秩序維持の一部を任せる、「オフショア戦略」を取ろうとしている、ともいわれていることは第1章で紹介しました。

このどちらも、沖縄などからの段階的な兵力引き上げが行われる可能性を示唆しています。それに対して、日本の歴代内閣の多くは、米軍を東アジアにつなぎ止めるべく、米軍とより一体化した行動を取れるよう、法や制度を少しずつ修正してきました。

その結果、東アジア、あるいはその周辺地域における安全保障整備の一翼を、将来的に日本が担うようになる可能性が出てきています。第二次安倍内閣発足以降、米軍の後方支援などの業務を円滑にできるようにする、といった新たな方針変更が急ピッチで進められています。これらはまさに、東アジアでの国際環境の変化と、それにともなって日本が担うべき役割が変わりつつあること、への対処だといえるでしょう。

とはいえ今後、こうした自衛隊に担わされる業務の範囲がどこまで拡大していくのか。戦後七〇年の間、平和主義を掲げ、多くの国からの信頼を集めている日本で、債務残高が世界最大水準であるGDPの二・三倍以上に膨れ上がっている日本で、自国の軍事的役割をどこまで拡大していくのか、は私たち皆が熟考していかなければならない問題です。

日本にとって、世界をリードする超大国であり、民主主義の価値観を共有し、経済的・文化的にもきわめて密接な関わり合いを持つアメリカとの良好な関係は、死活的に重要なものです。日本の外交・安全保障問題の要が日米同盟にあるということは、予見し得る未来において、変わらないでしょう。

しかしそのことと、日本が、日米同盟やアメリカのオフショア戦略の下で、自国の軍事的な能力やプレゼンスを拡大し続けなければならないということとは、必ずしもイコールではありません。日本は、中長期的な国益を考慮し、さまざまなアイデアを検討しながら、この問題と向き合っていかなければならないのです。

◆周辺諸国との諸問題を解決する

日本が取り組むべきもう一つの重要な柱は、周辺諸国との関係改善を進めることです。日本と周辺国の間では、相互に意見の異なる問題がたくさんあります。領土問題はその最たるものでしょう。たとえば、韓国は竹島を、ロシアは北方四島を実効支配しています。その逆に、尖閣《せんかく》諸島は日本が実効支配していますが、中国は尖閣諸島を自国領だと強硬に主張し、近年、周辺海域への中国船の領海侵犯が頻発しています。

こうした状況下で、日本がもし竹島や北方四島を実効支配下に置こうとすれば、武力紛争になる可能性が高いでしょう。あるいは日本が、尖閣諸島に、その実効支配を明確にする巨大な地上建造物などを作ろうとすれば、中国側は猛反発し、実力行使すら選択肢の一つに入れるかもしれません。

もちろん日本としては、どのケースにおいても、日本固有の領土だと言い続けるのは正当なことです。ただし竹島や北方四島においては、時間が経てば経つほど、相手国の実効支配の期間が長くなっていき、尖閣諸島においては、今後も中国側の圧力が弱まることはなく、逆に強くなっていく可能性があることには、留意しなければなりません。熟慮と粘り強さをともなう、問題解決への一貫した注力こそが、周辺国との良好な永続的関係を築き、日本周辺の国際情勢を平和で安定したものとするために、ぜひとも必要とされているのです。

そうした努力の中で、解決のきっかけが見つかることもあるかもしれません。たとえば京都産業大学の東郷和彦教授は、第1章でも紹介したように、著書の中で、一九九二年三月にロシアが示した一つの提案を紹介しています（『歴史認識を問い直す』）。

その内容は、①一九五六年の「日ソ共同宣言」で引き渡しが決まっている歯舞《はぼまい》、色丹《しこたん》の二島について、まず引き渡し交渉を始める。②合意に至ったら、二島の引き渡しに関する協定を結ぶ。③続いて国後《くなしり》・択捉《えとろふ》についての交渉を行う。④合意に至ったら、四島の問題を解決する平和条約を結ぶ、というものでした。

東郷教授によればこの提案は、「四島一括」の交渉ではなかったものの、四島の問題を解決して平和条約を結ぶという、これまでの交渉での大前提を変更せず、なおかつ、歯舞、色丹を先に取り戻すことができる、という大きな利点があったといいます。もちろんこの評価は、すべての関係者が同意するものではないかもしれません。実際、日本政府はこの提案があったとき、よりよい選択肢があり得るのではないかと考え、受け入れませんでした。

それはともあれ、関係者が、中長期的な日本の国益と周辺国の国益とを合致させるようなアイデアを一心に考え抜き、粘り強く交渉を重ねることで、この問題の解決への糸口が見えてくるかもしれません。それはとりもなおさず、日本を取り巻く東アジアの国際環境を、より平和で安定的なものとし得る可能性につながるのです。

◆超高齢社会のモデルケースを作る

日本が世界情勢に貢献できる要素として、国際環境の改善は重要なポイントですが、他にもできることはあります。

たとえば日本は、さまざまなケースで世界のモデルになることができます。

一例を挙げれば、日本は、世界でもっとも高齢化が進んだ国の一つとして、超高齢社会のモデルケースを提示することができる立場にいます。

まずそこでの最大の問題は、少子高齢化の進行を止めることができるのか、という点です。フランスやフィンランドなどは、出産休業制度を拡充したり、子育て中の親に財政的な支援をしたりするなど、各種の少子化対策を行い、出生率を上げることに一定程度成功しています。しかし日本のように、出生率が低迷する一方、人口規模が大きく、政策を実現する財源にも限りがある中で、どこまで思い切った対策が取れるのか。その取り組みに、各国の関心が寄せられているのです。

従来、日本政府の少子化対策においては「子育て支援」と「働き方改革」が柱とされてきました。前者は、保育園などへの入園待機をしている児童（待機児童）の解消に向けた取り組みや、多子世帯への支援などがその中心です。後者は、子育てと仕事の両立を支援するため、子育て中の親が働きやすい仕組みを作ろう、という政策です。近年では、これらに加え、結婚や妊娠、出産の支援といった側面も、政策課題として浮上してきています。

しかしこれだけでは、少子高齢化を食い止めるために充分ではありません。このままでは、今後も少子高齢化は進行し、経済面でも、社会の活気や将来への希望という面でも、国の力が大きく削がれていく可能性があります。

これに関して、二〇一三～一四年に発表されて反響を呼んだ、日本創成会議の増田寛也《ひろや》座長らによる一連の報告書（通称「増田リポート」）は、日本の地方自治体の将来像を予測しています。たとえばそこでは、二〇四〇年の段階で、一〇年と比べて、子どもを生む中心世代である二〇～三九歳女性の人口が半分以下に減少する自治体は、全国一七九九自治体の約四九・八パーセントに当たる八九六自治体。青森、岩手、秋田、山形、島根の五県では、こうした自治体が八割以上に上り、二四道県で、こうした自治体が全体の半分以上を占めることになるだろう、といいます（『地方消滅』）。

今や、日本の地方自治体の多くが消滅の瀬戸際にあるのです。

こうした状況を反転させ、出生率を上向かせることは、日本にとって最重要課題の一つだといってよいでしょう。社会全体から多くの意見を吸収し、精査した上で、思い切って実行してみる。そうした強い決意こそが、私たちと政府に求められているのです。場合によっては、「少子化対策特区」などといったものを各地に作り、その中でさまざまな施策を実施してみることで、効果的な少子化対策を見つけ出す手掛かりが得られるかもしれません。

また、高齢者が幸せに暮らしていける社会を作り上げていくことも、喫緊の課題です。経済的な支援にとどまらず、高齢者の身体的・精神的側面を含めた「幸福度」を高めるための、より一層の施策が必要とされているのです。

少子化高齢化を食い止め、かつ高齢者の幸福度を高める。もしそうしたことが可能になれば、これは世界にとっての福音となります。

この問題の重要性を、国民と政府がしっかり認識し、広範囲の抜本的な対策を取り、その成果を世界に発信していく。そうした行動こそ、今後高齢化が進展していく世界に対して、日本が貢献できる大きなポイントだと思われます。

◆貧困の連鎖を断ち切る

またそれと並行して、生まれ育つ子どもたちへの「貧困の連鎖」を防ぐための政策も、非常に重要です。これまでの多くの調査を通して、家庭の貧困は、子どもに継承されることが多いことがわかっています。たとえば、家庭の収入や父親の学歴は、子どもの学習時間との間に相関関係がある、という調査結果が出ています。そこでは、学習意欲や能力があっても、家庭の事情で充分な学習時間が取れず、低い成績に甘んじてしまう子どももたくさんいます。あるいは貧困家庭の親が、仕事などに追われ、子どもと向き合う時間が取れなくなることで、自己肯定感を失い、希望や意欲をなくす子どもたちも無数にいます。こうした収入格差と教育格差の問題は、子どもたちにとっても、社会にとっても、深刻な影響をもたらします。

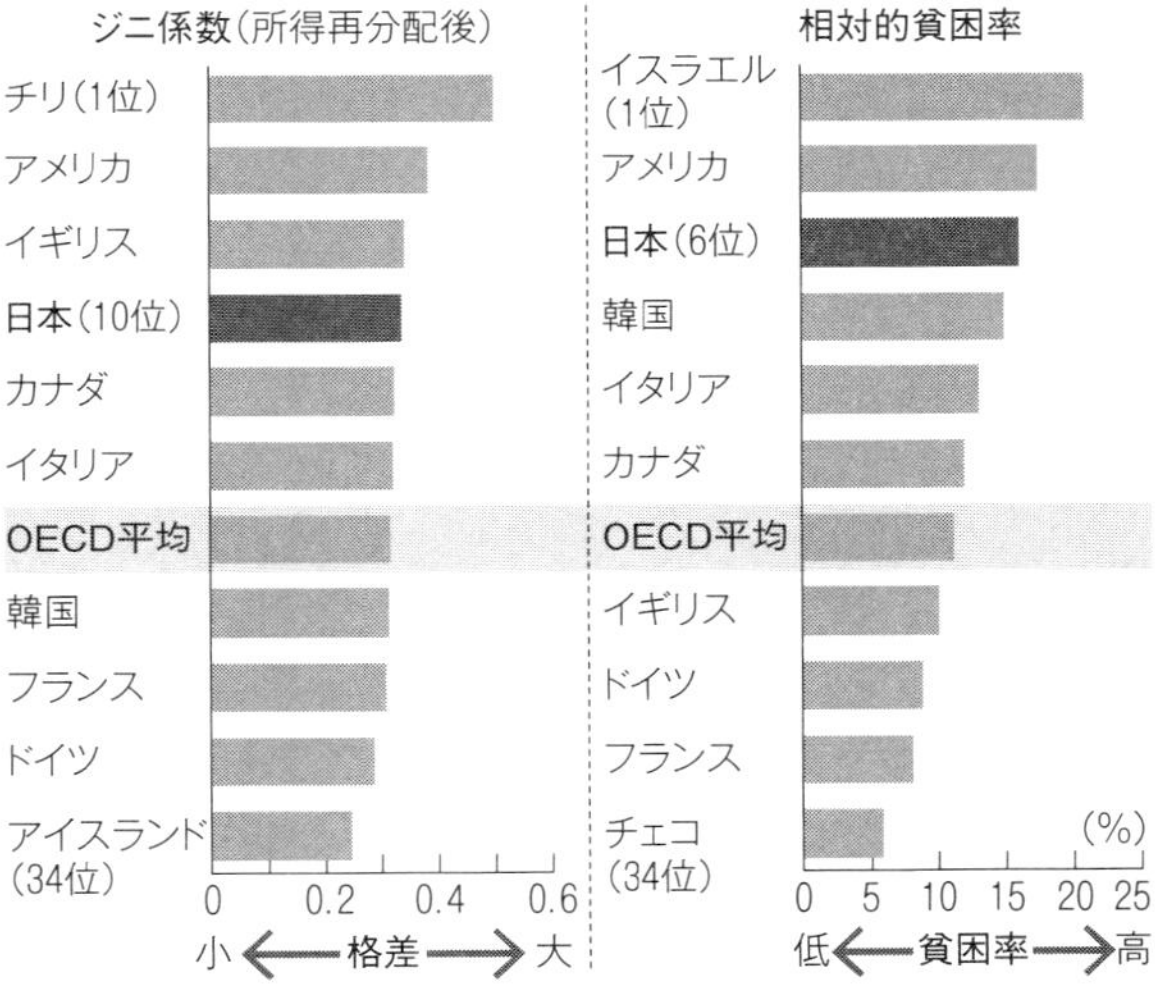

図9-1　日本の格差と貧困率　順位は、OECD加盟34か国中のもの。ジニ係数は、所得格差の大きさを示す数字。以前、「1億総中流」と言われた社会は変質し、日本は先進諸国の中でも、格差が大きく、貧困率の高い方の国になってしまっている　（参考）朝日新聞2015年3月20日付朝刊　（資料）OECDデータ

現在、日本では所得格差が急速に拡大しています。日本は、先進諸国からなる「経済協力開発機構（OECD）」三四か国中で、不平等さを示す「ジニ係数」が一〇位、人口に占める相対的貧困者の割合を示す「相対的貧困率」は六位です（図9-1）。さらに、子どもの約六人に一人が、貧困家庭に暮らしている、という別のデータもあります。いずれの結果からも、日本が、先進国の中で格差大国になりつつあることがわかります。

これに関して、日本が世界に

貢献できることは、貧困の連鎖を断ち切る仕組みを作ることでしょう。貧困家庭の子どもたちに対して、学習と生活の両面で充分な支援を行い、子どもたちの幸福感と学習意欲・能力を高めていく施策こそが求められています。それも単に資金的な援助をするのではなく、子どもたちの心のケアを含めた支援が必要です。

すでに、先進国の中でも上位の格差大国になりつつある日本だからこそ、貧困の連鎖を断ち切る制度を一刻も早く確立し、世界に示すことが非常に重要なのです。

◆iPS細胞を使った臨床手術が始まった

日本が世界に貢献できることはまだありますが、もう一つだけ挙げましょう。

二〇一四年九月、ある画期的な手術が行われました。角膜の中心部にある黄斑《おうはん》に障害が生じる「加齢黄斑変性」の患者に対して実施された、理化学研究所の臨床手術です。そこでは、患者自身の皮膚細胞からiPS細胞を作成し、これを網膜色素上皮細胞と呼ばれる細胞に分化させた上で、シート状に培養し、患者の目に移植する、という一連の再生医療がほどこされました。

この手術が画期的だったのは、iPS細胞が、世界で初めて、難病に苦しむ人の治療に使われたことです。

iPS細胞は、よく知られるように、体細胞に特定の酵素を導入することで、どのような細胞にも分化できる「万能性」を持つようになった細胞です。しかし分化の過程では、作成したい細胞とは異なる細胞ができてしまったり、できた細胞ががん化したり、といった現象が起きがちになります。手術チームのリーダーである高橋政代博士らは、これらのことが起きないよう、網膜色素上皮細胞の作成を慎重に進めていきました。さらに、作成した網膜色素上皮細胞をシート状にする技術も確立します。こうした多くの努力が実を結び、臨床手術が行われたのです。

iPS細胞は、現在、京都大学iPS細胞研究所の所長を務める山中伸弥教授が、その作成法を発明したものです。二〇〇六年にマウスのiPS細胞作成を、二〇〇七年にヒトのiPS細胞作成を、医学雑誌に報告したことで、世界中の注目を集めました。二〇一二年には、山中教授がノーベル生理学・医学賞を受賞し、iPS細胞の有用性は、社会全体に広く知られるようになってもいます。この過程で、政府はiPS細胞関連の研究を重点的に支援することを決め、多くの有能な研究者がこの分野に参入するようになりました。高橋博士の臨床手術の実施は、この流れの一環にあります。

日本発の研究成果であるiPS細胞を一つの軸に、資金を始めとする各種の支援をすることで、多くの優秀な人材を参加しやすくさせる。こうした筋道を作ったことは、大きく評価されています。現在、欧米各国でも、iPS細胞関連の研究が急速に進みつつあります。これに対して日本は、先行者としてのメリットを活かし、特許競争に勝つことで、この分野でのリーダーシップを取ろうとしています。

ここで強調すべきは、こうしたiPS細胞の研究では、生み出される成果が、世界をより豊かで安全なものにすることです。よりよい世界を作り出すための技術につながる良質な研究・開発案件や、そうした研究などを行っている研究者を見つけ出し、それを政府が支援することで、当該分野における日本の競争力を高めていく。こうした姿こそ、日本政府と日本の産業が今後目指すべき、一つの雛形《ひながた》ではないかと思われます。

◆日本の本当の姿を認識しよう

本書の最後に、読者の皆さんにお伝えしたいことがあります。

それは日本の大きさです。以前よく、日本のことを「小さな島国」と呼ぶ人がいました。さすがに最近では、そうはっきり断言する人は少なくなりましたが、もちろんそれは間違っています。

経済規模で世界第三位。人口で世界第一〇位（二〇一三年。国連・中位推計）。防衛予算で世界第七位（二〇一三年。ドル換算）。面積は、世界全体の三分の一より少し上の第六〇位（デンマーク領グリーンランドを入れると六一位）ですが、領土と領海に、広大な排他的経済水域を加えた面積は、なんと世界第六位。日本は、さまざまな指標で、大国と呼ぶべき規模を備えているのです。

これはとりもなおさず、日本が、世界の中で巨大な影響力を持っていること。世界をよりよくするための大きな潜在能力を持っていること。さらに、周辺地域や世界で起きるさまざまなできごとに、日本も責任を負っていること、を意味しています。

日本は小さな島国だから外国のできごとには関係ない、ではなく、世界の大国として、その国民として、周辺地域や世界で起きている理不尽な状況を変えていくためにできることはないか、と社会や自分自身に問い続けるべきなのです。

そこでは、視野を世界規模に広げたり、逆に身近な状況を観察したりという、視点や思考の柔軟性が求められることになります。別の国で起きていることを見て、世界の状況を考察し、それを私たちが住む地域の現状を考えるきっかけとする。あるいは、街で起きた小さなできごとから、日本全体の問題点、世界の課題に気づく。そうした日々の努力から、私たちの中に気づきと行動力が生まれてくるはずです。

大国である日本だからこそ、そしてそこに住む日本人だからこそ、世界のために、あるいは地域や街のためにできることがあります。日本と日本人、そして皆さん自身の大きな可能性に気づくことがなにより大切だということを、理解しましょう。それこそが、私たちの巨大な潜在力を活かす第一歩につながるのです。

〈参考文献〉

【第1章】

飯田耕司『情報化時代の戦闘の科学 改訂 軍事OR入門』三恵社
池上彰『池上彰の憲法入門』ちくまプリマー新書
池上彰『池上彰の大衝突――終わらない巨大国家の対決』集英社文庫
伊勢崎賢治『日本人は人を殺しに行くのか――戦場からの集団的自衛権入門』朝日新書
市川眞一『中国のジレンマ 日米のリスク』新潮新書
旺文社編集部企画・編集『ニュースがスイスイわかる なるほど知図帳 世界 2015』旺文社
公益財団法人矢野恒太記念会編集・発行『世界がわかるデータブック世界国勢図会 2014／15』
斎藤貴男『戦争のできる国へ――安倍政権の正体』朝日新書
成美堂出版編集部編『今がわかる時代がわかる 世界地図 2014年版』成美堂出版
武貞秀士『東アジア動乱――地政学が明かす日本の役割』角川oneテーマ21
東郷和彦『歴史認識を問い直す――靖国、慰安婦、領土問題』角川oneテーマ21
トシ・ヨシハラ&ジェイムズ・R・ホームズ『太平洋の赤い星――中国の台頭と海洋覇権への野

望』バジリコ
富坂聰『平成海防論――国難は海からやってくる』新潮社
豊下楢彦、古関彰一『集団的自衛権と安全保障』岩波新書
半田滋『日本は戦争をするのか――集団的自衛権と自衛隊』岩波新書
防衛省編集『日本の防衛――防衛白書平成26年版』日経印刷
保阪正康、東郷和彦『日本の領土問題――北方四島、竹島、尖閣諸島』角川ｏｎｅテーマ21
細谷雄一『国際秩序――18世紀ヨーロッパから21世紀アジアへ』中公新書
孫崎享『不愉快な現実――中国の大国化、米国の戦略転換』講談社現代新書
松竹伸幸『集団的自衛権の深層』平凡社新書
『朝日新聞』『日本経済新聞』『ニューズウィーク日本版』各号
安全保障の法的基盤の再構築に関する懇談会（第４回会合）内閣官房副長官補「安全保障の法的基盤に関する従来の見解について」平成25年11月13日 http://www.kantei.go.jp/jp/singi/anzenhosyou2/dai4/siryou.pdf
沖縄県知事公室基地対策課ＨＰ「沖縄の米軍基地の現状と課題」http://www.pref.okinawa.jp/site/chijiko/kichitai/documents/kadai.pdf
外務省ＨＰ「日本の領土をめぐる情勢」http://www.mofa.go.jp/mofaj/territory/index.html

外務省ＨＰ「平和構築　国際平和協力法に基づく日本の協力」　http://www.mofa.go.jp/mofaj/gaiko/pko/kyoryokuhou.html

【第2章】

飯山雅史『アメリカの宗教右派』中公新書ラクレ
伊原賢『シェールガス革命とは何か』東洋経済新報社
久保文明編著『超大国アメリカの素顔』ウェッジ選書
公益財団法人矢野恒太記念会編集・発行『世界国勢図会』２００５／０６年版〜２０１４／１５年版
サミュエル・ハンチントン『分断されるアメリカ』集英社
ジェフリー・サックス『世界を救う処方箋――「共感の経済学」が未来を創る』早川書房
ジョセフ・E・スティグリッツ『世界の99％を貧困にする経済』徳間書店
渡辺将人『分裂するアメリカ』幻冬舎新書
伊原賢「世界のシェールガス・オイルの資源量評価を考察する」独立行政法人石油天然ガス・金属鉱物資源機構、２０１３年８月22日　http://oilgas-info.jogmec.go.jp/pdf/4/4967/1308_b01_ihara_eia.pdf

笠原滝平、上野まな美「拡大しつつ変容するアメリカ人」大和総研『経済の広場 アメリカ経済を知る！』第14回、2014年6月26日 http://www.dir.co.jp/research/report/place/intro-usa/20140626_008693.pdf
ローラ・メックラー、ダンテ・チーニ「二極化進む米国社会——「都会」と「田舎」が対立軸」『ウォール・ストリート・ジャーナル日本版』2014年3月25日 http://jp.wsj.com/articles/SB10001424052702303495304579460483681641764

【第3章】

池上彰、佐藤優『新・戦争論——僕らのインテリジェンスの磨き方』文春新書
王文亮『GDP2位の中国が抱えるジレンマとは何か——習近平政権と調和社会の行方』ミネルヴァ書房
大庭三枝『重層的地域としてのアジア——対立と共存の構図』有斐閣
門倉貴史『中国経済の正体』講談社現代新書
川島博之『データで読み解く中国経済——やがて中国の失速がはじまる』東洋経済新報社
小峰隆夫、日本経済研究センター編『超長期予測 老いるアジア——変貌する世界人口・経済地図』日本経済新聞出版社

塩沢英一『中国人民解放軍の実力』ちくま新書
下斗米伸夫『プーチンはアジアをめざす――激変する国際政治』NHK出版新書
下斗米伸夫、島田博編著『現代ロシアを知るための55章』明石書店
ジム・オニール『次なる経済大国――世界経済を繁栄させるのはBRICsだけではない』ダイヤモンド社
鈴木孝憲『ブラジル 巨大経済の真実』日本経済新聞出版社
津上俊哉『中国台頭の終焉』日経プレミアシリーズ
西原正、堀本武功編『軍事大国化するインド』亜紀書房
ミヒャエル・シュテュルマー『プーチンと甦るロシア』白水社
宮家邦彦『語られざる中国の結末』PHP新書
読売新聞中国取材団『メガチャイナ――翻弄される世界、内なる矛盾』中公新書
ルチル・シャルマ『ブレイクアウト・ネーションズ――大停滞を打ち破る新興諸国』早川書房
ロデリック・ライン、ストローブ・タルボット『プーチンのロシア――21世紀を左右する地政学リスク』日本経済新聞社
The Population Division of the United Nations Department of Economic and Social Affairs of the United Nations Secretariat, *World Population Prospects: The 2012 Revision*,

Population. http://esa.un.org/wpp/unpp/panel-population.htm

【第４章】

植田隆子、小川英治、柏倉康夫編著『新ＥＵ論』信山社
大前研一『衝撃！　ＥＵパワー――世界最大「超国家」の誕生』朝日新聞出版
国末憲人『巨大「実験国家」ＥＵは生き残れるのか？――縮みゆく国々が仕掛ける制度イノベーション』草思社
佐藤幸男監修『拡大ＥＵ辞典』小学館
ジェレミー・リフキン『ヨーロピアン・ドリーム』日本放送出版協会
白井さゆり『欧州迷走――揺れるＥＵ経済と日本・アジアへの影響』日本経済新聞出版社
トム・リード『「ヨーロッパ合衆国」の正体』新潮社
藤原豊司『欧州統合の地平――拡大・深化・最終形態』日本評論社
ジョン・ホークスワース、ダニー・チャン「２０５０年の世界――ＢＲＩＣｓを超えて：その展望・課題・機会」プライスウォーターハウスクーパース　http://www.pwc.com/jp/ja/japan-knowledge/archive/assets/pdf/world-in-2050.pdf
駐日欧州連合代表部ＨＰ　http://www.euinjapan.jp/

European Parliament, *Results of the 2014 European elections* http://www.europarl.europa.eu/elections2014-results/en/election-results-2014.html

【第5章】

アビジット・V.バナジー、エスター・デュフロ『貧乏人の経済学――もういちど貧困問題を根っこから考える』みすず書房
アンガス・ディートン『大脱出――健康、お金、格差の起原』みすず書房
ウィリアム・イースタリー『エコノミスト 南の貧困と闘う』東洋経済新報社
大塚啓二郎『なぜ貧しい国はなくならないのか――正しい開発戦略を考える』日本経済新聞出版社
勝俣誠『新・現代アフリカ入門――人々が変える大陸』岩波新書
ジェフリー・サックス『地球全体を幸福にする経済学――過密化する世界とグローバル・ゴール』早川書房
ジェフリー・サックス『貧困の終焉――2025年までに世界を変える』早川書房
ジェレミー・シーブルック『世界の貧困――1日1ドルで暮らす人びと』青土社
ジョセフ・E.スティグリッツ『世界を不幸にしたグローバリズムの正体』徳間書店

白戸圭一『ルポ 資源大陸アフリカ――暴力が結ぶ貧困と繁栄』東洋経済新報社
トーマス・ラインズ『貧困の正体』青土社
ポール・コリアー『最底辺の10億人――最も貧しい国々のために本当になすべきことは何か?』日経BP社
ポール・コリアー『収奪の星――天然資源と貧困削減の経済学』みすず書房
松本仁一『アフリカ・レポート――壊れる国、生きる人々』岩波新書
日経BPムック『アフリカビジネス――灼熱の10億人市場を攻略せよ』日経BP社

【第6章】

池上彰『45分でわかる! 14歳からの世界金融危機。――サブプライムからオバマ大統領就任まで。』マガジンハウス
木村雅昭『「グローバリズム」の歴史社会学――フラット化しない社会』ミネルヴァ書房
佐渡友哲、信夫隆司編『国際関係論』弘文堂
中西寛、石田淳、田所昌幸『国際政治学』有斐閣
中野剛志『TPP亡国論』集英社新書
ナヤン・チャンダ『グローバリゼーション 人類5万年のドラマ』〈下〉NTT出版

本間正義『農業問題――ＴＰＰ後、農政はこう変わる』ちくま新書
厚生労働省検疫局ＨＰ「２０１５年05月13日更新 エボラ出血熱の発生状況（第18週）：補足４」
http://www.forth.go.jp/topics/2015/05130855.html
日本貿易振興機構ＨＰ「世界と日本のＦＴＡ一覧」https://www.jetro.go.jp/world/reports/2014/07001093.html

【第７章】

家正治、小畑郁、桐山孝信編『国際機構〔第四版〕』世界思想社
長有紀枝『入門 人間の安全保障――恐怖と欠乏からの自由を求めて』中公新書
押村高、中山俊宏編著『世界政治を読み解く』ミネルヴァ書房
野林健、大芝亮、納家政嗣、山田敦、長尾悟『国際政治経済学・入門 第３版』有斐閣アルマ
ポール・ケネディ『人類の議会――国際連合をめぐる大国の攻防』〈上〉〈下〉日本経済新聞出版社
三船恵美『基礎から学ぶ 国際関係論』泉文堂
目加田説子『行動する市民が世界を変えた――クラスター爆弾禁止運動とグローバルＮＧＯパワー』毎日新聞社

目加田説子『地雷なき地球へ――夢を現実にした人びと』岩波書店
オックスファム・ジャパンＨＰ「世界のオックスファム」http://oxfam.jp/aboutus/affiliates.html
外務省ＨＰ「国際平和協力法に基づく日本の協力」http://www.mofa.go.jp/mofaj/gaiko/pko/kyoryokuhou.html
国際連合広報センターＨＰ「国際連合機構図」http://www.unic.or.jp/files/organize.pdf

【第8章】

青山弘之編著他『「アラブの心臓」に何が起きているのか――現代中東の実像』岩波書店
池内恵『イスラーム国の衝撃』文春新書
江守正多『異常気象と人類の選択』角川ＳＳＣ新書
小杉泰『イスラームとは何か――その宗教・社会・文化』講談社現代新書
田原牧『ジャスミンの残り香――「アラブの春」が変えたもの』集英社
土屋一樹編『中東地域秩序の行方――「アラブの春」と中東諸国の対外政策』アジア経済研究所
宮田律『アメリカはイスラム国に勝てない』ＰＨＰ新書
ＩＰＣＣ編「気候変動２０１３：気候変動に関する政府間パネル 第５次評価報告書 第１作業部

会報告書・自然科学的根拠・政策決定者向け要約」（２０１５年１月20日版、気象庁・翻訳）
http://www.data.jma.go.jp/cpdinfo/ipcc/ar5/ipcc_ar5_wg1_spm_jpn.pdf

ＩＰＣＣ編「気候変動２０１４：気候変動に関する政府間パネル 第５次評価報告書統合報告書政策決定者向け要約」（２０１５年３月31日版、文部科学省・経済産業省・気象庁・環境省による確定訳） http://www.env.go.jp/earth/ipcc/5th/pdf/ar5_syr_spmj.pdf

Stockholm International Peace Research Institute, *SIPRI Yearbook 2014, World Nuclear Forces.* http://www.sipri.org/yearbook/2014/06

【終章】

増田寛也編著『地方消滅』中公新書

内閣府ＨＰ「少子化対策」 http://www8.cao.go.jp/shoushi/shoushika/

ちくまプリマー新書 239

地図《ちず》で読《よ》む「国際関係《こくさいかんけい》」入門《にゅうもん》

二〇一五年 八 月十日 初版第一刷発行
二〇二二年十二月五日 初版第五刷発行

著者 眞 淳平（しん・じゅんぺい）

装幀 クラフト・エヴィング商會

発行者 喜入冬子

発行所 株式会社筑摩書房
東京都台東区蔵前二−五−三 〒一一一−八七五五
電話番号 〇三−五六八七−二六〇一（代表）

印刷・製本 株式会社精興社

ISBN978-4-480-68943-6 C0231 Printed in Japan

乱丁・落丁本の場合は、送料小社負担でお取り替えいたします。